釋迦牟尼佛

功德藏

經部上冊

Treasury of Precious Qualities

釋

三道甘露精華

The Quintessence of the Three Paths

持明吉美・林巴 Rigdzin Jigme Lingpa —— 本頌
甘珠爾仁波切 Kangyur Rinpoche —— 釋論
劉婉俐 —— 中譯

達賴喇嘛 序

大圓滿的見甚深艱奧，闡釋其見的主要著作是龍欽巴尊者（Longchen Rabjampa）頗為深奧的《妙乘藏》（*Treasury of the Supreme Vehicle*），以及《法界藏》（*Treasury of the Expanse of Reality*）。我建議對寧瑪派的共修道和對大圓滿不共法教有興趣的人，應當要研讀持明吉美・林巴（Rigdzin Jigme Lingpa）較易趨入的《功德藏》（*Treasury of Precious Qualities*）。這個譯本是甘珠爾仁波切（Kangyur Rinpoche）隆欽・耶謝・多傑所著（Longchen Yeshe Dorje）《功德藏》釋論的第一冊。

《功德藏》屬於「道次第」（lam rim）類的典籍，涵蓋了寧瑪派成佛修道上的所有次第，直至最高的大圓滿法教。這一冊囊括了顯教的部份，仔細闡述依發願不同而有別的三士夫修道。它從轉心向法的四聖念、輪迴本質、四聖諦，與十二因緣開始；在這個基礎上，解說了如何皈依佛、法、僧，皈依的重要性，以及如何在心中生起覺醒的菩提心；而六度——布施、持戒、安忍、精進、禪定與般若——的陳述，則包含了作為「行」指引的三戒（分別是別解脫戒、菩薩戒和密乘戒）討論，和作為「正見」指引的中觀思想解說。

這本釋論包羅萬象、精闢易懂，在各方面皆鞭闢透徹，我相信蓮師翻譯小組的成員定是竭精殫慮地將其迻譯為曉暢、易懂的英文，使讀者能一窺其堂奧，祈願讀者都能在成佛之道上從中得到莫大的鼓舞。

吉美・欽哲仁波切 序

持明吉美・林巴所著的《功德藏》，和甘珠爾仁波切所撰的釋論，皆是無視於世間名聞利養、超脫一切俗慮的真正大師作品。這些著作的偉大價值，在於其呈現佛法的方式，皆是如實本於佛陀所言。傳承清淨、法教真實，令人驚訝的是這些法教依然在世。託一切傳承之源——釋迦牟尼佛不可言喻的慈悲之故，這些教法才能應時而起，倘若沒有世尊，不僅我們所修、學的佛法，連我們自認所屬的僧團都將蕩然無存。

將這些法教帶入西藏且保存至今的，是蓮師（蓮花生大士）的證悟之力，和菩薩般住持寂護大師（Shantarakshita）的淵博、主事，以及法王赤松德真（Trisong Detsen）的護持、贊助。拜他們殊勝悲心和其踵志者——蓮師的二十五位偉大弟子、印度班智達、西藏譯師，和傳承的所有上師——的悲心之故，我們方能繼續受持佛陀法教，並付諸實修。在此所譯出的是怙主甘珠爾仁波切的《功德藏》釋論，是印度、西藏諸大師花開落蒂之浩瀚法教的結晶與鎖鑰，它是任何對佛法有稍許興趣者不可或缺的忠實指南。它闡明了佛法的真義，照亮了我們的生命、立足之地和修行之道。對此書的讀者而言，願這本書能作為其真正知識的豐富寶藏，和源源不絕的鼓舞、激勵來源。

中譯序

彷彿佇立在一座寶庫的門前，乍見漫天的燦爛光芒，本應在靜默中獨自吟詠這奇特、令人讚歎的一幕，但在回過神來的剎那，卻又衷心希冀能有更多人見聞到這些美好。就是在這種複雜、交織的難言思緒下，班門弄斧地寫下這譯序。

這本書是甘珠爾仁波切為吉美・林巴尊者《功德藏》所作的釋論。吉美・林巴尊者是近代寧瑪派最重要的大師之一，他在多年的閉關苦修之後，證得了殊勝的圓滿智慧與成就，因此他的著述，咸被推崇為遍智的自然流露與其甚深修證的結晶。《功德藏》一書的重要，除了是吉美・林巴尊者為寧瑪派修道次第所寫的精要指引外，也是他濃縮了龍欽巴尊者大圓滿法教《七寶藏論》的精華所在，堪稱是至高的法教寶冠。

在此譯出的一系列中譯，譯自英譯本，原是甘珠爾仁波切為《功德藏》所作的藏文釋論《三道甘露精華》。甘珠爾仁波切是當代最重要的藏傳佛教上師之一，也是一九七〇年代將藏傳佛法傳往西方的主要上師之一。從下文導讀的介紹中，我們可以得知《功德藏》的諸多藏文釋論，以及為何選擇《三道甘露精華》作為輔助根本頌的原因：《三道甘露精華》不僅長度適中，詳實地闡述了《功德藏》三士道的架構與要義，也完整涵括了經乘與密乘的修道體系：從小乘根本的因果業報、四聖諦、十二因緣，到大乘的菩提心與六度，最後是密乘的持明傳承、生起次第與圓滿次第，與最高的大圓滿法教，整個藏傳佛教修道系統的見與修，循序漸進、縝密地呈現，加上英譯本細心的註解、附錄與名詞解釋，使這本書幾乎囊括了所有佛法的要點。而《三道甘露精華》的題稱，也呼應了《功德藏》原書名《功德藏・喜之雨》，對佛法修持所帶來喜悅甘霖的表喻，更貼切地指出了宣說三士道佛法精義的宗旨。

由於本書內容涵蓋的範圍既多且廣，許多名相與引文來自藏文典籍，其中部份的名相未曾有漢譯，或是與漢譯的用法稍有不同，而摘錄自藏文佛典的引文，絕大多數也與漢譯佛經有相當的出入，為了讓讀者更清楚瞭解這些差異與背景，譯者在內文中保留了藏文名相的拼音，並加入了以括號補充的譯注、和部分用以對照的漢譯佛經譯文，或許會增添閱讀上的不便，懇請見諒；但同時也希望大家能從這些繁複、詳盡的中、英譯註中，體會到佛法的浩瀚與深廣，與具德上師為了接引大眾的剴切與慈悲。

《功德藏》與《三道甘露精華》釋論的英譯本，共有兩冊，分屬於經部（包括了小乘與大乘的法教）與續部（密乘與大圓滿法）。在中譯本中，將經部分成了上、下兩冊：上冊的內容是下士道、中士道的相關法教，以及上士道的前行與皈依部份；下冊則包括了大乘的四無量心、菩薩戒，與菩提心教授等。同樣地，在續部部份也會分為上、下兩冊，分別講述密乘的修道次第，以及最高階的大圓滿法教。無論編排方式為何，這個完整的修道體系，是一體且不可分的。而《功德藏》根本頌的部分，希望在未來能對照藏文原文譯出而出版。

最後，如果此書的翻譯有任何不足之處，皆是譯者的力有未逮，也希望這些缺失能成為未來成熟、進步的助力。透過此書的中譯，希望未來能有更多藏傳佛教的甚深經典，能如實、有系統地被譯成各種語言，觸及每個尋求正法的心靈。也祈願這個如旭日般溫暖、明亮、具實義的法教與完整修道，能夠在世界各地深耕遠播，裨益無數的有緣弟子；更祈願具德上師能永久住世、常轉法輪，讓這些無私遍灑、止息煩惱猛火的法義甘霖，為現世惶惑的人們，帶來解脫道上的喜悅甘露。

願任何有緣接觸到此法教的朋友，都能深深地得到鼓舞與啟發，在修道上具信、歡欣地前進，臻至最後的究竟解脫與圓滿佛果。

譯者謹誌

二〇一四年十二月

目錄

附錄

導讀

這本書是持明吉美．林巴（1730-1798）名著《功德藏》釋論之一的第一部份。《功德藏》是以優雅韻文寫成的薄冊，陳述了藏傳佛教寧瑪派（或稱舊譯派）的完整修道。這本書，包括本頌和釋論，以漸進的方式呈現了佛陀的一切法教，是如何從最根本的要義到最甚深的大圓滿修法，毫無扞格地統合成一條證悟之道。因此，《功德藏》是寧瑪派各教團所一致推崇、研習的著作，通常是作為一個完整的概要，一路伴隨漫漫的修道進程到終點。譯成了英文，是有心修學寧瑪派法教者的必備手冊。

吉美．林巴尊者*

雖然被認為是寧瑪派最重要的人物之一，而且是無垢友大師（Vimalamitra）和法王赤松德真的共同轉世，但吉美．林巴卻是在一個藉藉無名的環境中出生、長大。六歲的時候，

* 下文摘錄自吉美．林巴尊者的傳記，請參照東杜仁波切（Tulku Thondup）所著《禪定與神蹟之上師》（*Masters of Meditation and Miracles*）一書（譯注：此書已有中譯本，見《慧光集》第二十三集《大圓滿龍欽寧體傳承祖師傳》）。

他進入了藏南的巴瑞寺（Palri），在那兒被授予沙彌戒後，隨即開始基礎的僧院教育。七年之後、十三歲時，他遇到了他的上師，大伏藏師仁增・圖秋・多傑（Rigdzin Thukchok Dorje），接受了諸多的口傳和教授。年少時期的吉美・林巴，便顯露出不凡的靈性早慧，親見蓮師、空行母伊喜・措嘉（Yeshe Tsogyal）和其他證悟者，是司空見慣之事。有一回，在面見大圓滿傳承祖師之一的文殊友（Manjushrimitra）後，他的生命起了大幅轉變，他決定換下僧袍，改穿瑜伽士的白袍，並蓄起長髮。他嚮往隱修的生活，在年輕時便完成了兩次的三年閉關。在第一次的三年關當中，他成為伏藏師——隱密伏藏的發掘者，取出了一整套重要的《龍欽心髓》*法教和儀軌。在他三十一歲於桑耶青浦（Samye Chimphu）開始的第二次三年閉關中，則開展出最為深邃的禪修體驗。當時，他連續三次在禪觀中親見大師龍欽巴尊者。第一次，他領受了龍欽巴全部法教的口傳；第二次，他被授權為法教持有者與弘傳者；最後，在第三次的禪觀中，兩位上師的心性不可言喻地融為一體，龍欽巴尊者的證量剎時在吉美・林巴的心中現起。在歷史上，相隔五世紀之遙的兩位上師，在智識與成就上自此無分無別。

* 有關這個取藏的詳述，請參見頂果・欽哲仁波切（Dilgo Khyentse Rinpoche）之《如意寶》（*The Wish-Fulfilling Jewel*）一書（譯注：已中譯為《如意寶——上師相應法》一書，由雪謙出版社出版）。

吉美・林巴尊者（1730–1798年）

稍後，在圓滿第二次的三年閉關後，也就是在他取出《龍欽心髓》的七年之後，吉美．林巴開始將此法傳予親近的弟子：包括吉美．欽列．偉瑟（Jigme Trinle Özer，第一世多竹千仁波切）和吉美．賈威．紐古（Jigme Gyalwa'i Nyugu，他將此法教傳給了弟子巴楚仁波切Patrul Rinpoche），《龍欽心髓》於焉在西藏廣傳開來，時至今日，仍是寧瑪派最為重要的禪、修體系之一。

吉美．林巴的後半生，是在其創建於南藏的閉關中心，有著一間小關房的才仁炯（Tsering Jong）度過的。他深居簡出，引領、教導大批的弟子，並將功德主的供養全數用於各種慈悲的佛行事業。譬如，他終生不斷地自屠夫、獵人手中，搶救、買下動物而放生。總之，他的一生，是宛如佛經和他自己筆下描繪之大菩薩的典範與功德示現。從他所寫的自傳中，我們或可一瞥其溫暖、深摯的性情，洞澈、毫無畏懼、坦蕩磊落，顯現出殊勝成就的悲心與清明：

「我的認知變得像個小孩般，也樂得與孩童嬉戲。但當我遇到有人行爲不檢點時，會毫不猶豫地直言不諱，不管是大有來頭的宗教領袖也好，或慷慨解囊的施主也好，不管做什麼，在靜坐、散步、飲食睡眠之際，我總是須臾不離究竟本性的清明；不管修持任何佛法，縱使有如登天之難，我也一定矢志圓成。」

儘管平生素淡，吉美．林巴卻是一位學識淵博的學者。據說，他是「天生睿智」，自然通曉法教而毋須太多的學習。他自陳，是甚深的禪修體驗，而非學識的鑽研，讓他心性中潛藏的浩瀚智識翻湧而出，結果讓他貯存的智慧之水從內在不斷湧現。他編纂了二十五冊的寧瑪派密續全集與一冊的相關教史；在他圓寂之後，還留下了九冊的本論和取出的伏藏法教。其中，整部《龍欽心髓》是最廣為人知的鉅著；而《功德藏》和兩冊自釋，則是他最受讚譽的佛學著述。

《功德藏》

《功德藏》有經部和續部兩部份：經部的部份，是目前這本釋論的內容，包含了道德、心理和佛學層面的法教，是三藏經典和藏傳佛教各派共通的教法。雖然旨在陳述大乘法教，但其內容卻自然涉及且詳盡涵蓋了更接近小乘觀點的問題，例如業和戒律、四聖諦以及十二因緣等根本議題。值得注意的，是其對別解脫戒的側重，如同在釋論中所解釋的，因為龍欽巴尊者在他所著的《大乘》（*The Great Chariot*）一書中，並未細談別解脫戒，為此《功德藏》中的這個部份便被視為是增補。

就大多數佛教的「本頌」而言，《功德藏》是包羅萬象卻言簡意賅的精華，其目的不在面面俱陳，而是深入特定的法教。而且，它係以韻文寫成，大量運用了詩偈而富含象徵，因此釋論不可或缺，除了吉美・林巴自撰的釋論之外，近兩世紀以來也有數本的釋論寫就。

傳統上，佛經和宗教典籍可以用不同的觀點來詮釋，因此衍生了諸多的釋論體例：「記誌」（spyi 'grel）是通釋，對原著做通盤的闡述；而「敦誌」（don 'grel）則是「義釋」，闡明原著的主要義理和目的；相對地，「闡誌」（mchan 'grel）和「係誌」（tshig 'grel）（各是註解和名詞解釋的釋論）則是煞費苦心地註解原著的語詞，「闡誌」是部份解釋，而「係誌」則逐一解說，兩者皆將原著的用語編寫成論釋。在藏文中，解釋的語詞底下會有小圓圈點出，簡單註解，或仔細詮釋，或略過不提，端視情況而定。最後，還有一種釋論稱做「喀雅」（dka' gnad），旨在說明深奧或有疑義的部份。釋論的長度不一而足，從滔滔鉅著到提綱挈領皆有，後者多半是寫給那些對內容早已耳熟能詳的讀者，作為記憶提點之用。

如前所述，吉美・林巴寫了兩冊頗長的「義釋」，稱做《二乘》（*shing rta rnam gnyis*）。這想當然爾是（《功德藏》）最終的參考依據，但夙以深奧難懂聞名。吉美・林巴的弟子多竹千・吉美・欽列・偉瑟（1745-1821）寫了一冊稍短的釋論，多竹千的格魯派弟

蔣揚．欽哲．汪波（1820–1892年）

吉美．林巴尊者的轉世之一，也是利美運動、無分派運動的主要創立者之一。他是《功德藏》傳承的主要持有者之一，他將此口傳傳下至甘珠爾仁波切。

子阿列・索波・雅旺・滇達（Alak Sogpo Ngawang Tendar，1759年生）也寫了一冊較短的釋論；巴楚仁波切烏金・吉美・卻吉・汪波（Orgyen Jigme Chökyi Wangpo，1808-1887），則撰寫了一本教授《功德藏》的指南，和一些綱要和難處釋疑。之後，在二十世紀之交，卓千寺（Dzogchen）分院給芒寺（Gemang）的雍滇・嘉措堪布（Khenpo Yönten Gyamtso），則寫了兩冊鉅細靡遺、明白曉暢且廣泛流通的釋論：《月光論》（*zla ba'i 'od zer*）和《日光論》(*nyi ma'i 'od zer*)。

在此我們所選譯的釋論，是由甘珠爾仁波切隆欽・耶謝・多傑所著的單冊釋論《三道甘露精華》（*The Quintessence of the Three Paths*），雖然它也長達六百頁，在篇幅上卻相對地簡短，與第一世多竹千仁波切和阿列・索波・雅旺・滇達的釋論相同。甘珠爾仁波切的釋論，重點在註解《功德藏》，是參考他早先從其根本上師瑞沃千寺（Riwoche）的傑炯・欽列・蔣巴・炯涅（Jedrung Trinle Jampa Jungne，1856-1922）修學札記所寫成的，全冊在一九八三年由怙主頂果・欽哲仁波切（1910-1991）加上導言的偈頌與跋而完成。傑炯仁波切從蔣揚・欽哲・汪波（Jamyang Khyentse Wangpo）處得到了《功德藏》的口傳，而後者則傳自吉美・林巴的弟子吉美・賈威・紐古。甘珠爾仁波切也曾從其叔父、噶陀寺（Kathog）的住持達沃・敻努堪布（Khenpo Dawö Zhonnu）研習過《功德藏》，其傳承可溯自第一世多

傑炯仁波切，欽列・蔣巴・炯涅（1856–1922年）

蔣揚・欽哲・汪波的弟子之一，也是甘珠爾仁波切的根本上師。他駐錫在康區的瑞沃千寺，此寺傳授並修持寧瑪派與達隴噶舉的兩種傳承。他是一位著名的伏藏師、伏藏法教的取出者。甘珠爾仁波切就是從他那兒接受了《功德藏》的口傳。

竹千仁波切、賈瑟・賢遍・塔耶（Gyalse Zhenpen Thaye）、巴楚仁波切、烏金・天津・諾布（Orgyen Tendzin Norbu）、雍滇・嘉措堪布，以及桑滇・嘉措堪布（Samten Gyamtso）等人。

在闡述吉美・林巴的《功德藏》時，這本釋論著重在特定議題的探討上，予以詳盡地解說。整體而言，它所設定的對象，是對阿毗達磨論藏的學術用語和全部範疇早已熟稔，且對經部、續部法教有廣泛涉獵的讀者群。誠如前述，《功德藏》的教授常擺在一堆修學功課之末，做為畫龍點睛的總結，它認為讀者都已熟知這些課題，因此對許多重要細節只是簡要帶過而已。為此，甘珠爾仁波切的釋論，基於同樣的理由，也可能會超出這本英譯所設定的一般讀者——渴望擴增、加深對佛法瞭解的西方佛教徒——的程度。為了解決這個問題，儘量提供瞭解這本釋論的相關知識而毋須大費周章地參考其他書籍，似乎有其必要，況且某些佛書也尚未翻譯成英文。所以我們從米滂仁波切（Ju Mipham Rinpoche）所著的《智者入門》（*mkhas 'jug*，譯注：是 *mkhas pa'i tshul la 'jug pa'i sgo* 的簡稱，已由 Rangjung Yeshe Publications 出版英譯本 *Gateway to Knowledge* 四冊）、前述雍滇・嘉措堪布的釋論，和怙主敦珠仁波切（Kyabje Dudjom Rinpoche）的《三戒》（*sdom gsum*，譯注：已由 Wisdom Publications 出版英譯本 *Perfect Conduct: Ascertaining the Three Vows*）等書中旁徵博引，加上了不少註解和一系列附錄。願藉此能有助於讀者對甘珠爾仁波切釋論的賞析，這本釋論雖篇幅有限，但卻是珍貴法教的無盡寶藏。

怙主甘珠爾仁波切

除了現實的簡潔、可讀性考量之外，其實還有更為深沈、更私人的因素來翻譯和試著推廣這本釋論，因為這本書的作者是當今將佛法傳至西方最重要的影響人物之一。在頂果．欽哲仁波切虔敬的頌詩中提到，甘珠爾仁波切（1897-1975）出生於東藏的康地，如同前賢吉美．林巴般，在幼年便展現出驚人的靈性特質與能力。在他年紀很小時，便遇到文殊菩薩化身的米滂仁波切，頗得其歡心。順其自然進入瑞沃千寺為僧後，師事其根本上師——無與倫比的伏藏師傑炯仁波切欽列．蔣巴．炯涅。瑞沃千寺是利美（不分派）運動的重要中心之一，有兩個主要的佛學院：一個隸屬於寧瑪派，另一個屬於達隴噶舉傳承。甘珠爾仁波切在瑞沃千寺修學了許多年後，終於成為金剛上師。

甘珠爾仁波切（1897–1975年）

在因緣際會之下，他離開寺院，放棄位高權重的地位，成為一名浪遊的隱士，寄居於山洞之間，並走訪了全西藏和喜瑪拉雅山各處的朝聖聖地——在各方面，他都追隨（《普賢上師言教》作者）巴楚仁波切的腳步，巴楚仁波切是寧瑪派最受推崇的典範。甘珠爾仁波切在嚴格的修學後，接著經過多年的閉關與實修，終而證得了殊勝的成就。有許多關於他禪定、遊歷密地（hidden land），和取藏的故事流傳著。譬如，有一回當他到拉薩朝聖時，前往最大的佛教大學色拉寺參訪；在那兒，有一些僧人想和他辯經，企圖用辯經術來擊敗這名陌生的訪客。甘珠爾仁波接受挑戰，連番打敗了十名格西，成果輝煌。名聲在四處傳遍開來，說他必定是宗喀巴大師的化身之一：據說宗喀巴大師會不定期地匿名到訪，以考核其弟子的辯經能力！

如前所述，甘珠爾仁波切是一名伏藏師、伏藏的取出者，也被認為是南開・寧波的轉世之一、八世紀時將佛法傳入西藏的印度大師蓮花生大士最重要的弟子之一。終其一生，甘珠爾仁波切有許多親見過去大師，如無垢友、索・耶謝・旺秋（So Yeshe Wangchuk）、達善・桑滇・林巴（Taksham Samten Lingpa）等人的淨觀，並從中得到了這些大師諸多的法教和口傳，成為許多珍貴、頂尖「近傳承」的持有者。在他無數佛行事業中最為人所津津樂道者，是超過一百冊甘珠爾（*Kangyur*）大藏經的口傳，他總共傳過高達二十四次，前所未見，因而博得了甘珠爾仁波切的美譽。

因預知即將到來的浩劫，他在一九五九年之前就離開西藏，帶著大批藏書和珍貴手稿轉赴印度，從而保存了許多可能就此絕跡的佛書。他最後與家人在大吉嶺落腳，在此建立了一座寺院。也就是在六十年代晚期和七十年代初期的大吉嶺，他遇到來自西方的慕道者，成為第一批接納西方弟子的藏傳佛教上師。正當西藏的傾覆越演越烈時，甘珠爾仁波切不僅在流亡狀態中盡力維續佛法，並以極大的慈悲為佛法在西方的弘揚奠定礎石。甘珠爾仁波切雖樂意接納西方人為徒，但總是甚深地遵循著傳統，他希望他的學生都要竭盡所能、不投機地修學所有漸進的次第，不可躐等。雖然他從未真正到過西方，但在其圓寂後，其長子達隴・澤珠仁波切貝瑪・旺賈（Taklung Tsetrul Rinpoche, Pema Wangyal）依其遺願前往（不久全家也都搬至）法國，在多荷冬（Dordogne）創建了幾處傳統的三年閉關中心。在此，一些西方弟子有幸依循寧瑪派的傳統來修行，自敦珠法王、頂果法王、多竹千仁波切，和紐修堪仁波切（Nyoshul Khen Rinpoche）等大師處接受法教和口傳。隨後，一些已閉完長關的學生，開始將現有的佛書翻成外語。這是蓮師翻譯小組（Padmakara Translation Group）成立的緣起，也是甘珠爾仁波切原先心願付諸實現的自然產物，就他最初和持續的願力，在各方面來說，都稱得上是蓮師翻譯小組的祖師爺。因此，將其著作迻譯為英文和多國語言，僅是為了聊表謝忱和為西方佛教世界稍盡棉薄之力的一項嘗試而已。

譯文

因為廣泛涵蓋了經部的法教，這本釋論自然含有豐富的專有名詞，不僅觸及阿毗達磨論藏的形上學、心理學與認識論範疇，也涉及了般若經系和四部宗義，尤其是中觀學派。這意味著身為譯者對這些學問必有一定程度的鑽研，以及大量的創新；我們很感謝能引用手邊其他譯者早已使用的現成、合適的詞彙；但不可諱言地，近年來在西方出現許多佛學書籍的英譯，仍然無法掩飾西方語言的佛經翻譯尚處於起步階段的事實，以為我們已經快要建立一套（可以）放諸四海皆準的翻譯詞庫，也是枉然。這是要將佛書翻譯成一個與其特定文化緊密相連的語言，而這個特定文化又是由其原本、非佛教的哲學與宗教傳統所構成時，所必然遭逢的遺憾。雖然英語或許富含同義字，且可吸納外來語，但尚未具有一套普遍共通、足以妥善表達佛教心理學和形上學細微層面的語彙。就這本書而言，譯者常會找不到確切的語詞，不時得將原本豐富的字義濃縮，勉強找個不太理想的近似詞來充數。這樣的例子隨處可見，任何人只要看到像是「福德」（merit)、「煩惱」(emotion)、「僧人」（monk）、「悲心」（compassion）、「安忍」（patience）、「本性」（nature）、「體性」（essence）這樣的基本字詞，就能知道有多困難。但我們希望目前的工作，對於未來、更完美的英譯佛經能做出貢獻。而釋論中所引用的典籍名稱也是個棘手的問題，用梵文的書名是較為理想的，就經藏、論藏來說還不成問題，因為這些書名垂手可得，例如在塔唐仁波切（Tarthang Rinpoche）印行的甘珠爾與丹珠爾（*Tengyur*）目錄索引中即可找到。但密續的部份就大相逕庭了，除了廣為人知的《秘密藏續》（*Guhyagarbha*）、《密集金剛》(*Guhyasamaja*)、《時輪金剛》（*Kalachakra*）等譯名之外（在此的英文譯名是梵文），絕大多數所提及的密續名稱，是我們難以翻譯的。因此，與其我們自己亂翻一通，不如保留其藏文名稱更為可行。

致謝

《三道甘露精華》的翻譯，是在甘珠爾仁波切最小的兒子吉美．欽哲仁波切（Jigme Khyentse Rinpoche）的指派與督導之下開始的，整本譯著的完成，主要歸功於欽哲仁波切在一九九五年開始直到一九九九年夏天為止，以《功德藏》為主所傳授的一整套教授。其間，還有幾位上師造訪多荷冬：尼泊爾雪謙寺的冉江仁波切（Rabjam Rinpoche）和局美．楚清堪布（Khenpo Gyurme Tsultrim）授予第一次的口傳和講解；接著，印度白玉寺的大堪布貝瑪．謝拉仁波切（Khenchen Pema Sherab Rinpoche）連續拜訪法國三次。我們要向這些上師致上最高的謝忱和感念之意。特別要感謝阿拉．生嘎仁波切（Alak Zenkar Rinpoche），他在一九九六年的耶誕節造訪多荷冬，不悋時間和學識，幫我們釐清了許多困難的疑點。吉美．欽哲仁波切的慈悲和熱忱，陪我們從頭到尾完成了整部譯作，在最後仁波切還耐心地和我們一起校對過全文。當然，譯文的任何不盡理想之處，仍須由譯者負起全責。

《三道甘露精華》是由蓮師翻譯小組的成員海蓮娜．布藍列德（Helena Blankleder）和烏斯坦．弗列確（Wulstan Fletcher）所共同譯出，並謹向校對的潘蜜拉．羅（Pamela Law）、安卓・袞瑟（Adrian Gunther）、珍妮・肯（Jenny Kane）致謝，感謝她們無價、令人衷心感激的襄助。

一九九九年持明吉美・林巴涅槃日

蓮師翻譯小組誌於多荷冬

譯注：在中譯本中，書名、人名、地名、藏文的名相在第一次出現時，皆附上英文或英文音譯，以供對照、參考之用；藏、英書名以斜體標示，其餘為正體。藏文的人名，則加入・以標示唸法。

《功德藏釋：三道甘露精華》經部上冊

甘珠爾仁波切隆欽・耶謝・多傑釋論

法界無盡虛空中，
五身法雲款湧動；
最勝乘之蓮花苑，
悲智之光中綻放。
虔誠禮敬父與子[1]，
與我信心界合一。

將呈淨文之薈供，
甘露光之善說[2]論，
宣說且得以揭示，
珍貴功德藏之義，
獨一典論妙開演，
佛陀法教盡俱全。

前言

《功德藏》是舊譯派闡述金剛藏[3]（Vajra Essence）甚深修道完整次第的重要著述之一。它是無數法教要義的鎖鑰，將一條完整、無誤的證悟之道呈現在讀者面前，是整個顯、密法海的精華。

書名

做為這本釋論的開場白，先思惟一下書名的含意是必要的，這將根據五大支[4]的體系：即宗旨、書名、字義、總綱，與回應駁斥等方面來解說。

一旦掌握了書名的意思，資質聰穎者將能確切了知立論的內涵；中根器者會了解這本書屬於大乘或小乘；而穎悟力較差的人，則不會誤解內文所涉及的範疇。

傳統上對教義的闡述，都是從導言開始的，這通常從書名的解說開始。有三個理由說明了書名為何要用梵文寫成：首先、是為了讓讀者確知法教的真正可信；其次、是為了灌輸對神聖語言的薰陶；第三、是將梵文當做是一種加持的載具。

《功德藏》的梵文書名是 *Guna Kosha Ratna Pramoda Brishti Nama*，翻成藏文是 *yon tan rin po che'i mdzod dga'ba'i char zhes bya ba*，意指「喜悅之雨，功德寶藏」。字義上的對應如下：guna／yon tan／功德，kosha／mdzod／藏，ratna／rin po che／寶，pramoda brishti／dga' ba'i char／喜悅之雨，nama／zhes bya ba／稱為。

在書名中出現「功德」一詞，係因為這本書是一切功德之源，來自於正確依止三士夫[5]相關修道次第所生的功德。這些功德是「寶」，是因為透過這些修道的修持，二利*的一切所願都能達成；再者，這本書是殊勝法教和表述的寶礦，恰可稱之為「藏」；最後，對那些希望在心中增長善行收穫的人來說，這本書就像是一陣甘霖，所以被稱為「喜悅之雨」；而梵文的 nama 一詞，即藏文的 zhes bya ba，則是慣用的題稱。

總之，《功德藏》就像是一個豐富的寶庫，蘊藏一切修道與證果的功德。

或許有人會反駁說下雨不見得會帶來喜悅，畢竟，在地獄道中有猛烈的炭雨、在餓鬼道和龍族中有灼燙的砂雨。但這並不是有效的駁斥，因為在此處，雨的意象是取自出現在人、天善趣中的現象，在人、天之中，雨是會產生歡悅的；這並非指那些落在下三道中的雨。

* 為自身而成佛，以及究竟、暫時的利他。

禮敬三寶

佛、法、僧三寶，是宇宙中最珍貴、最殊勝的事物。因此，從現在起直至成佛為止，本論作者在思想、言語和行為上誠心地禮敬三寶，為了保護在輪迴中流轉不已、受到諸惡影響的眾生。

三寶可依其本質特性、藏文名相的詞義、各支分，與梵文名相的釋義等方面來解說。本質上，佛果是「斷除」和「證悟」*一切功德的圓滿狀態。按照藏文的說法 sangs rgyas 看來，佛指的是從無明沈睡中「醒來」（sangs）的人，且其心性已「開展」（rgyas）如蓮花般，具一切智。為此，佛果依序有三個面向：（一）佛身，像一個容器般，包含了其所俱的（二）智慧，並伴隨著由前兩者流露出的（三）佛行事業。最後，梵文的「佛」（Buddha）一詞，意指「完美了知者」，佛的心量廣納一切可知的事物，且透徹地了解這些事物。

本質上，法的特點是能夠同時斷除二障：煩惱障、所知障，或斷除其中一障，或指斷除的方法。藏文之所以用「除」（chos）這個字，就是因為佛法能「祛除」（'chos）心中的煩惱，如同藥物能治癒生病的人一般。從法的支分來說，有兩種區分的方式：一是分為教法與

---

* 之所以稱「斷除」，代表著去除煩惱障和所知障，而「證悟」則是在道上修得正果的功德。參見本書第六章。

證法；另一種，則是分為四聖諦中的第三聖諦與第四聖諦：即滅諦與道諦。在梵文中，法（dharma）這個字的意思是「持守」；換句話說，法是將眾生持守在圓滿修道上並讓眾生遠離輪迴與下三道的事物。

本質上，僧寶是指具有兩種功德的人：即具有勝義智慧與離於染污的人。藏文的dge 'dun指的是那些對圓滿德行（dge）之道有熱切興趣（'dun）的人。這樣的修行者，可分為屬於小乘僧團的聲聞、緣覺，和屬於大乘僧團的菩薩。而梵文的僧有「聚集」的意思，指那些不受任何人、甚至不受天神干擾而逸離修道的團體。

「頂禮」一詞，表示對三寶的完美禮敬。這可透過三種層面來達成：第一、藉由了悟見*；其次，藉由精通禪修；最後，藉由虔誠的禮敬行為。

本頌中的「珍貴三者」指的是三寶，表示佛的身、語、意、功德、和事業遍佈三界、聞名遐邇。吉美・林巴用了一個典雅的譬喻來說明這點，他提到一個故事，說佛陀曾經捎了一個訊息給珍珠蔓公主（Vine-of-Pearls），託人帶了一幅他的畫像並寫上一些偈頌，就畫在一張白布上。當公主見到這幅畫像時，她所體驗到的喜悅是如此之深刻，宛如沒有一絲妄念的

---

* 了悟心與一切現象的本性。

三摩地狀態；當她思惟這個訊息的意義時，一百一十二種阻礙解脫、證得見道時所摒棄的遮障*，全崩落了。本頌將這些遮障比喻為魔王（Mara）女兒的欺矇臉龐，如同夜晚的百合花，在黑暗中綻放，但在見道增長的智慧陽光下就枯萎殆盡。結果，珍珠蔓已準備證得滅諦、滅盡在修道（譯注：五道的第四階位）須斷除的東西，這一切都是因為佛陀悲心的力量所致。這類講述三寶效用的佛教故事，值得大家深思，因為三寶有力地對治了輪迴的本性——心的散亂與煩惱。

誓願著論

無數的經、續法教是由佛陀所宣說，佛陀是遍知勝智的上師，他以五圓滿[6]的方式傳下這些法教。他的弟子、殊勝的菩薩們，在五大支體系的基礎上，以字、義寫下優美的釋論，並用「宗緣四支」[7]來加以編纂。這些經、論如大海般深廣，是淨化之水的實質寶藏。多虧了這些經論，勝者（the Victorious Ones）（譯注：佛的稱號之一）的法教才能存續這麼久。彌勒菩薩曾說過：

* 參見第六章。

「諸法存於經論中，
圓滿宣說及詮解，
二者確保世尊教，
永久長住於世間。」

佛陀的法教，如此甚深難測，解經的論典，也尚未從世間消失，在此濃縮為單一論著。但吉美・林巴說他欠缺著論的三種功德[8]，因此其論著僅是一本無知閒扯的劣作。他說他的書沒有淨治染污與免於輪迴之苦的這兩項功德，少了佛書的三種特性，且極可能沾染了非佛書的六種過患[9]。他說，這是嘈雜的喧囂之作，就像是「水花四濺的急流」，流瀉入茂密叢林的深谷之中。即使他覺得自己的論著是醜陋、不雅的東西，但他說基於聖教的完美宣說，所以此書仍值得關注。當然，這些話只是作者的自謙用語而已。

《功德藏》的書寫，是分五綱目[10]來完成：即作者的說明、論的佛經出處、大致的趨歸、要義、和最後的宗旨。

一、《功德藏》的作者是吉美・林巴，他是一位直證殊勝道勝義諦、大圓滿本性的上師。正因為如此，他與本初佛普賢王如來*——如海般無盡壇城的遍滿怙主沒有分別。他圓滿了妙觀察智的透澈與覺性的創造力。結果，無盡的二智**從他身上湧現，他示現出對五明和其他學問的精通，完全毋須學習——這是許多人親眼目睹的事實。為此，他獲得了撰寫釋論的三種功德。事實上，有記載說當他潛心在桑耶青浦的尸陀林閉三年精進嚴關時，遍知無垢光（Drimé Özer）、吉祥語自在（Ngaki Wangchuk）（譯注：兩者皆為龍欽巴尊者的名諱）以智慧身三次向他示現。透過身、語、意加持的承傳，他們的心合而為一，從那一刻起，本論的作者吉美・林巴，即持明貝瑪・旺千・耶謝・若貝・多傑（Vidyadhara Pema Wangchen Yeshe Rolpa’i Dorje）便成為殊勝乘的偉大怙主。

二、此論是佛陀所說三乘、四部密續的菁華，伴隨寫下的釋論來闡述其法義。

三、在大乘、小乘的二乘之中，此論趨向大乘；在大乘的經部、續部之中，此論趨向密續；在密咒乘的外、內密之中，此論趨向最密、無上的密續。

---

* 普賢王如來（kun tu bzang po）：本初覺性的化現，永遠離於迷妄。

** 二智指的是了知事物本性的如理智（ji lta ba'i mkhyen pa）和如實了知一切事物的如量智（ji snyed pa'i mkhyen pa）。（譯注：如理智又名真智、根本智、無分別智、實智；如量智又名俗智、後得智、分別智、權智智）

四、一切修道次第，尤其是與三士夫相關的，都被解釋為大圓滿修道上的步驟。為此，下、中、上根器者的不同目標，都和諧地融為同一條、最終的修道。

五、如前所述，當吉美・林巴第二次親見龍欽巴尊者時，遍知的法主給了他一本書，說書裡清楚解說了其著述《大乘》一書的所有密義。這就是對吉美・林巴能夠撰寫此論的授權。以別解脫道與共的密咒乘為焦點，配合了大圓滿法基、道、果的各部（大圓滿法在《大乘》中，並沒有詳細論及），《功德藏》呈現出龍欽巴尊者整個《七寶藏論》（*Seven Treasures*）的精華。它是為了未來弟子所寫成的，好讓他們能無誤地掌握完整的教法。它將勝者的一切法教無牴觸地整合在一起，融成一條適合個人奉行的成佛修道，並提供了實修所需的一切。

因此，這五綱目為此論的內容提供了一個清楚的概念，用來告知讀者，好讓讀者有信心而能成為承接法教的適當法器。

從無始以來直到今日，我們一直因為自身的煩惱與對我執的攀附而受苦。長久以來，我們飽受各種生[11]的禍害、青春逝去的老苦、摧毀健康的病苦，與奪去生命的死苦，這一切的苦痛有一個很好的治療方法：就是饒富甘美甘露的神聖佛法。一開始，在聞、學習的階段，佛法是耳朵的甘露，增長了先前所沒有的信心；之後，在思的階段，佛法是散亂之心的對治，帶來先前所沒有的喜悅。最後，在修的階段，佛法生起了殊勝智的智慧，完全解脫了心性，帶來了先前一直被禁錮的自由。但是，就像狗面對一堆草，愚昧的眾生會忽視神聖的法教，即使法在他們面前如同一大片草原般散布著，甚至直接放進他們的手中！他們還是投入惡行裡。要如何教導這樣的人，給他們全部九乘義理濃縮成一本書的教授呢？這真是項艱鉅的任務。但因為對眾生的愛與無法離棄眾生，吉美・林巴允諾寫下這本論著。

註釋

1這是指龍欽・冉江和吉美・林巴。前面提到的「無盡虛空」（klong chen rab’byams）和「悲智之光」（mkhyen brtse’od zer）事實上是他們名字的義譯。

2「善說」（legs bshad），傳統上用來描述一套論述，旨在揭示善行的準則。

3金剛藏（rdo rje snying po）是大圓滿最密法教的同義詞。

4五大支（chings chen po lnga: dgos pa, mtshams sbyor, tshig don, bsdus don, ’gal lan），依世親的說法，是寫作一本專書時必須涵蓋的五個要素，參見世親所著的《釋軌論》（*Vyakhyayukti*）。在此，這套體系是採逐一的方式來解說書名，第二要素「關連」（mtshams sbyor）是和主題有關的適當編排，在這裡並未譯出，因為它純粹是指解釋書名時的正確態度，擺在宗旨的陳述之後。

5三士夫是指：一、希求輪迴中上三道之悅樂者；二、希求從輪迴中解脫者（聲聞、緣覺）；三、希求為了一切眾生而證得佛果者（菩薩）。

6五圓滿（phun sum tshogs pa lnga）：即地點、上師、眷屬、時間、法教的五圓滿。對聲聞乘來說，這表示釋迦牟尼佛在不同的時間和地理位置，對其弟子說法。對大乘而言，這表示報身佛，例如毗盧遮那佛，在各佛國宣說大乘法教，以超越時間的恆久現前對住於十地的菩薩海眾說法。在大乘中，五圓滿也被稱作五確定（nges pa lnga）。

7宗緣四支（dgos’brel yan lag bzhi），指的是主題（brjod bya）、宗旨（dgos pa）、究竟宗旨（nying dgos）和這三者之間的緣對（’brel ba）。這四支被認為是產生有意義溝通的要素。在本論中，主題是修行三士夫的漸道；宗旨是透過研讀論典來提供對解脫道的了解；究竟宗旨是修行者證得了最後的目標；緣對指的是前面這三者必須前後一致。（《功德海》卷一，一七九頁）

8著論的三種功德是：證得體性、親見本尊（和可能的話，獲得授權），和精通五明。具備這三項功德的其中之一，就能著論或撰寫釋論。

9「無著的《瑜伽師地論》中說道：『佛書的三種功德是具義、得實修、離苦。非佛書的六種過患是無義、謬誤、僅為學術之用、詭辯、誤導，和缺乏悲心。』」（《功德海》卷一，一七六頁）（譯注：在《瑜伽師地論》卷九十五中，提及「有六種邪戲論：謂顛倒戲論，唐捐戲論，諍競戲論，於他分別勝劣戲論，分別工巧養命戲論，耽染世間財食戲論。」）

10五綱目（rtsis mgo yan lag lnga）：指作者（mdzad pa po）、出處（lung gang nas btus）、範疇（phyogs gang du gtogs）、要義（bsdus don）和目的（dgos ched）。這是古代印度那瀾陀大學的班智達傳統著論的方式。

11在佛法裡談到了四種生：胎生、卵生、因暖濕而自動生出的濕生、和神變的化生。

第一篇：轉心向法

第一章：人身的價值

輪迴

長久以來，我們一直在輪迴中徘徊，不曾覺察其過患，還相信輪迴是健全、有利的地方。但輪迴卻是充滿了苦與苦因的狀態，在輪迴中解脫的功德衰微、凋零。輪迴是一個絕望的荒野，在過去的累世裡，我們的身、心被苦惱所煎熬，承受著殘破不堪的痛苦。而且，在我們身上潛藏著許多業的種子，在未來將引發同樣的痛苦。人們通常看不到這一點，對其處境不僅不感到後悔，還渴求上三道短暫、無益的歡愉。他們完全不知應行善去惡，而讓人生淪入惡行中，這類人就是所謂的「貌似人身」。由於他們的惡念和惡行，毀了自己，讓暇滿人身[12]毫無意義可言。在輪迴的上三道中，他們又再度落入惡境裡。就此徘徊在下三道、沒有意念之無感天人天道、或（無法聽聞佛法的）邊地之中、生來身體或心理有缺陷、具邪見、或出生在無佛出世的地方。

無法修學佛法的八無暇

地獄眾生在焰鐵的地上，沒有一刻的喘息，被閻羅王的鬼卒揮舞著可怕武器、劍和錘子一再砍殺著，產生極大的痛苦。直到惡業耗盡為止，這些地獄裡的眾生是死不了的，且因為等流果*的緣故——換言之，他們對惡的強迫傾向——使他們被困在瞋恨招致的惡業網中，且地獄中的壽命難以計數。

餓鬼通常毫無任何的飲、食；他們也找不到一點髒污的膿、血、排泄物來吃。所以，毋庸置疑地，他們被飢渴折磨著。夏天清涼的月光和冬天溫暖的陽光倒反過來；雨和冰雹被誤認為是閃電和雷擊；而河水則充滿了膿和血。對那些深受外界影響的餓鬼來說，河流和果園在他們看到時馬上就乾萎了。而那些被內在所影響的餓鬼，頭和身體則不成比例：他們的嘴巴小如針孔，肚子大得像整片國土一樣。假如他們吞下一丁點的食物和飲水，就會在腸子裡燒炙起來，苦不堪言。他們的壽命不定，依先前貪欲的障蔽力量而定。一般來說，他們的一天等於人世的一個月，他們會在餓鬼道活上五百年。

* 參見第三章。

在大海的深處，魚和海怪互相啖食，大魚吞掉小魚。地球表面也佈滿了野生、不知名的動物，成為獵人捕捉的獵物；獵人用網、陷阱、毒箭、和羅網等，讓動物殘忍地死去。而被人類豢養的動物，則是主人的奴隸，被馴養和用鞍轡、韁繩、與鼻繩控制著。牠們被主人騎乘、拴綁，並把重物放到牠們的背上。主人將牠們放牧、閹割、剪毛，並在活著時取用牠們的鮮血。這類的待遇，讓動物受盡了各種極端的痛苦。因為沒有智力，牠們沒辦法念誦任何一句嘛呢咒*。當眾生處在這種情境下，毫無招架之力。據說動物的壽命從昆蟲的旦夕，到龍族之類可活上一劫，不一而足。

因不動搖業[13]極久長地維持了他們的生命狀態，於是無色界的天人非常長壽，能夠活上二十個中劫，但沒有任何機會熏習對輪迴的厭離或想要脫離輪迴。再者，無感天人的意識，因為他們沒有意念，在他們活著的期間裡也不會運作，所以他們喪失了任何聽聞、思惟佛法的基礎。他們所居住的天界，離四禪天的天人很遠，就像是遠離繁華城市的僻靜之地。這些天人[14]不知佛法，因此當他們在生命末端開始起心動念時，他們懷著沒有解脫之道的邪見，結果就墮入了下三道之中。投生在這些天道裡，就被剝奪了修學佛法的有暇。

* 換言之，就是觀世音菩薩的六字大明咒；嗡嘛呢唄咩吽。

住在所謂邊地的居民，的確有著人類的外貌，直挺挺地用雙腳走路。但他們實際上卻和動物沒兩樣，全然對法教無知。善對他們的心念來說是陌生的，所以心念都被惡所把持。他們過著充滿各種惡行的生活，譬如用毒箭來傷害他人，甚至把這點當成信仰的教條。他們徘徊在邪見的樹叢裡，比動物還糟糕，把應該奉行和應該棄捨的道德原則全顛倒過來，無從得知解脫之道。

那些官能有缺陷的，例如沒辦法講話的人、尤其是有心智障礙的人，可能遇到了一位證量很高的善知識，即使他們聽聞了他\她的法教，但所講的內容對他們來說是聽不懂的，就像轟隆的回音一樣。法教的意義對他們來說是失去的，他們也沒辦法抓住哪些行為該取、或該捨的重點。他們的福份有所缺損，所以在這個孤寂、可怕的輪迴荒原裡受到極大的痛苦。

因為業力和染污而投生在輪迴裡，就像是在大海中漂流著，深不可測且無邊無涯。獲得一個人身，就像有了一艘大船，可以渡過這個大海並抵達解脫的島嶼。雖然人們可能擁有一切官能，雖然他們可能擁有智能，就好像有了帆，推著他們駛往自由的方向，但當心被錯誤信念所遮蔽，這個優越的助力卻白白浪費了。結果，這種人就沒辦法進入佛法，也不能踏上解脫之道而讓佛陀喜悅，因為佛的出世就是為了揭示解脫之道。這些人否認因果的業理，並宣稱沒有來世等等，他們被魔擾而阻絕了解脫之道。在魔力的控制之下，失去了有暇。

出生在暗劫中的人身，同樣也是毫無利益可言。因為在這些時期裡佛法的光芒不曾閃耀，從暗劫的成到壞空，都不會有佛出世。這般出生，就像是一個人掉進了漆黑的深谷中跌斷了腿。不管他再怎麼試著要爬出來，還是看不到出路，甚至動彈不得，因為他的腿碎掉了。同樣的道理，沒有解脫之道的光亮，人們根本不知道能帶領他們解脫的三學（譯注：戒、定、慧）。因為無明與染污的緣故，他們不斷追尋錯誤的道路。他們不僅落入了無法逃脫的可怕之處，而且在程度上墮落地越來越深，從畜生道、餓鬼道墮入地獄道。修學佛法的自由完全付之闕如。

在所有這些可怖的處境中，惡行會以各式各樣的痛苦帶來果報，就像劫末摧毀一切的暴風般襲捲著，身體因苦痛而疲憊不堪，心自然而然充滿恐懼。眾生沈溺在惡的習氣中，完全悖離了神聖的法教。所以我們被教導要一再思惟如何避免投生在這八種無暇修學佛法的處境之中。吉美・林巴要我們精進地追隨解脫之道，倚賴上師和他甚深的教言，並好好善用我們目前擁有的機會。

五自圓滿、五他圓滿

出生在有佛法傳布的「中土」，就像是一株幼苗種在純淨的土壤裡；有功能完好的官能與健壯的四肢，就有了領受、禪坐，與修持法教的基礎，如同一棵有著樹葉和枝幹的健康樹木；對聖者的教法有信心；有著身、語、意完美花朵的業行，不受到違背佛法之惡行（五無間罪、對三寶的邪見）冰雹的損壞；獲得能受持法教的人身並得到解脫的功德：這一切就像是一棵神奇的滿願樹。這是稀世奇珍且意義深長，讓這五自圓滿發揮良效是最為重要的。

佛已在這世間出世的事實，罕見如優曇缽羅花（udumbara）*冒出花朵般；佛已宣說佛法且三轉法輪花開綻放的事實；講解與實修法教的教法和證法仍存在於世而未衰微的事實；仍有完美持有法教的上師在世的事實；最後是我們被解脫道上「涼蔭」的具德上師、完美嚮導接引的事實：這五他圓滿比五自圓滿更為難得。

---

* 據說優曇缽羅花每劫只開一次花。（譯注：另有一說，優曇缽羅花每三千年一開。如天台宗智顗大師所講《法華文句》四言：「優曇花者，此言靈瑞，三千年一現，現則金輪王出。」）

人身難得

為何精進且不遲滯地踏上修道，是如此地必要？如同前述，五自圓滿就像滿願樹般珍貴，而五他圓滿就像優曇鉢羅花般，比前五項更為難得。這十項合起來形成不共的特性，加上八有暇形成的基礎，就是我們所謂的珍貴人身[15]。如果我們現在不善加利用這個人身，這樣的機會就再也不復見了。之所以這麼說的理由，可以用例子來闡明。舉例來說，我們可以想像一個大海，如三千大千世界這麼寬廣，在這個大海的深處，住著一隻盲龜，每一百年才浮上海面一次，要獲得一個人身，比盲龜浮上水面、找到一個隨波逐流的軛，把頭塞進去還難。或者，我們可用數字來說明獲得珍貴人身的困難：與畜生道的眾生數量相較，人類就如白天可見的星辰，比上夜晚可見的星辰。同樣的比例，可沿用在畜生與餓鬼的相比上；或餓鬼與地獄眾生的相比上。

因此，這個珍貴人身是非常稀少，且極有意義的。如果那些踏上了佛法之路把解脫當成目標的人、那些目前擁有暇滿大船的人、那些遇上高貴上師做為導師和這艘船舵手的人，假如這些人不能度過無盡、難測的輪迴苦海而抵達解脫陸地的話，那麼他們的機會就全白費了。我們應該把這些當成思惟的主題和更加努力的鞭策。

註釋

12「一般而言，有三種人身：經典所描述的『貌似人身』（mi lus tsam po pa）、行為與心念擺盪在善、惡之間的『有別人身』（mi lus khyad par can），以及在此所說的『珍貴人身』（mi lus rin po che）。」（《功德海》卷一，一八二頁）

13不動搖業（mi g yo ba'i las），米滂仁波切將不動搖業定義為：「善業的一種，如無菩提心的入定，能無誤地或『不動搖』地投生在色界或無色界。其他的業就非不動搖，因為其果報可能依因緣而定，就有問題的業行而言，在非通常預期的情況下成熟。」（《智者入門》，八十頁）

14已經達到見道以上的眾生，被形容為是殊勝或高貴的，換句話說，就是他們已經證得了人無我。那些還未達到這個境界的眾生（包括了欲界、色界、無色界的天人），則被說成是平凡的。色界的四禪天再細分成不同的層級。在初禪天、二禪天、三禪天裡又各分成三階（譯注：梵眾天、梵輔天、大梵天為初禪三天；少光天、無量光天、光音天為二禪三天；少淨天、無量淨天、遍淨天為三禪三天）在這九天裡都住著「平凡」眾生。第四禪天也有三層屬於平凡的眾生。（譯注：即福生天、福愛天、廣果天，有部與經部將無想天歸於廣果天中，而上座部與大乘則另立無想天於廣果天之上）但是，另外還有五層據說是屬於聖眾所居之處（譯注：無煩天、無熱天、善見天、善現天、色究竟天，稱五淨居天）。在四禪天的最後一層，根據某些權威的說法，還有更高一層，第九層（即整個色界的第十七天或第十八天。）是即將要證得圓滿正覺之前的菩薩所居，這就是色究竟天，菩薩在此天度過證得佛果前的最後一生。屬於色界的無感天人與此天的其他天人不同，是沒有意念的；據說他們的「位置」鄰近廣果天、四禪的第三天，這是色界的凡夫所能得到的最高成就。對無色界的天人來說，沒有居處，可以這麼說，即便是最微細的住處也沒有。只有無色界的天人和無感天人被認為缺乏修學佛法的有暇。欲界和色界的天人就不是這樣，因為據說聲聞和緣覺可能化生在此。

「無感天人與無色界天人的入定，與聲聞、緣覺的滅諦相似，因為兩者都是心的根本層面、阿賴耶裡根識（譯注：前六識分別為眼識、耳識、鼻識、舌識、身識、意識）的終止。但是，兩者並不同，無感天人的入定並沒有涉及染污煩惱識（末那識）的滅，然而聲聞、緣覺的滅是有的。為此，凡夫只能進入無想定，而滅盡定則是小乘行者聲聞、緣覺所持。再者，外道傳統誤以為無色界的定是解脫，而將其當成他們的修道來修學。聲聞、緣覺進入滅盡定，是為了在他們那一生中獲得滿足。相反地，殊勝的菩薩入定只是一種權便，純粹是訓練禪定的法門而已。」（《功德海》卷一，一八八頁）

15 傳統的八有暇（dal ba brgyad）與十圓滿（rang gzhan 'byor bcu）在龍欽巴的著作中，還補充了兩列的障緣（每一列有八項），如果人身被認為是真的珍貴，就必須排除這兩列的障緣。這兩列被巴楚仁波切引用在《普賢上師言教》（*The Words of My Perfect Teacher*, 三十—三十一頁）中並加以詮解。首先，八無暇現緣（'phral byung rkyen gyi mi khom rnam pa brgyad）阻礙了佛法的修行，分別是：五毒熾盛、愚癡、跟隨假上師、懶惰、過去惡業現起的大障礙、不能自主、為了避免世間的恐懼而學佛、為了追求名利而做做樣子修法：其次，心絕法緣墮八無暇（ris chad blo yi mi khom rnam pa brgyad），分別是：深陷俗務、缺乏人性、不厭輪迴、對上師與法教不具信、喜做惡行、不念正法、壞別解脫戒（出家戒等）與菩薩戒、破密乘三昧耶。假如有了這些障緣的任何一項，珍貴人身就不是圓滿具足。

第二篇：激勵修行

第二章：無常

器世無常

在《八千頌般若》（*Condensed Prajnaparamita-sutra*）（譯注：此為藏傳的小品般若，共八千偈頌，漢傳《小品般若經》為四千偈頌）中提到：

「風自空中起，於上水生成，其上爲地大，眾生之根基。」

現象界，因妄念而現起，由三千大千世界所組成：其中包含了非生物的所依、器世間，以及做為其內容物、有生命的眾生。這個器世間歷經了成、住、壞、空*的過程，每個階段都持續了二十中劫，合起來八十中劫是為一大劫。每一個世界是眾生所住的無常環境，由圍繞著須彌山的四大部洲所構成，加上欲界、色界的天人所居天。一千個世界組成一個所謂的小千世界，一千個小千世界構成一個中千世界，然後再由一千個中千世界組成所謂的「三千大千世界」（譯注：這是一個大千世界，因為包含三個一千：一千個世界、一千個小千世界、一千個中千世界，故稱為三千大千世界，相當於一千個中千世界或一百萬個小千世界）。

* 參見附錄一。

在藏文中，世界的單字 'jig rten 是一個貶抑詞，意指「毀壞所依」。之所以這麼說，是因為從世間的形成開始，就本具毀壞與死亡。我們幾乎可以說這個世界和其居住的有情，是被成、住、壞、空這四個階段所折磨與懲罰著。事實上，在本頌裡還強調將會有七火、一水的毀滅。如在《無常義譚》（*Anityartha-parikatha*）中所說的：

「隨後地崩毀，群山化爲塵，海水皆乾涸，眾生又當何。」

有情無常

因為見到凡夫樂於邪見，將一切和合與浮動的事物認定是恆常的存在，眾中尊、人天導師的諸佛，雖然擁有不壞的殊勝、金剛相法身，但仍示現了喜悅入涅。他們捨棄了在時間過程中不動、不滅的永遠常住能力。倘若連佛都是無常的，那麼還需要懷疑短暫的凡夫生命微脆如泡影嗎？

有些眾生證得了四禪和其他層次的定。結果，他們可以經得起壽量從梵眾天的一中劫到三有之頂（譯注：即無色界最高、第四層的非想非非想天）的八萬大劫。即便如此，這對常樂的目標來說還是太短了。縱使這樣的眾生，還是得依循黑、白業的結果，毫無疑問地終將一死。

梵天、自在天、濕婆、毗濕奴和其他天神擁有超凡的智慧與神變力，和所有的轉輪聖王——仍對他們的大樂感到失望，因為他們知道沒辦法逃過閻羅死神。那像我們這樣的凡人，又有什麼好說的？

享受輪迴上三道的完美快樂與愉悅，就猶如鹿在夏天的三月裡自在、任意地徜徉在長滿花草的大地上，但一如獵人藏身在山邊的溝谷埋伏等候，想著如何殺死這些鹿，這如強盜般的死神，在祂的魔掌中握著致命的棍棒，只想著一件事：要如何把眾生抓入祂的死網中、奪去他們的性命。就像馬鳴菩薩（Ashvaghosha）所說的：

「世間及善道眾生，所見、所聞或起疑，豈有生而不死者？」

為初夏之熱所苦的人們，不能忍受外頭的炎陽，雖企盼著秋月的涼光，但他們卻不擔憂，事實上也從來不曾想過這樣的事情：隨著秋天的到來，他們生命中一百個日子就已經消逝而將他們更帶近死亡。

人們也會感嘆別人的死亡，卻不曾思惟死神也同樣在接近他們當中。他們深陷在生命的希望與恐懼裡，彷彿永遠會活著一般。實在是笨極了！

如《無常義譚》中所云：

「步上人生路，時日不可增，死無瑕可謀，既此何須嘆？」

請想像有四個巨人、強壯無比，背靠著背站著，各自往他們的前方射出箭，他們都是飛毛腿，能在箭落地之前就把箭接住！但在這世上，受到業果的神奇力量所驅使，餓鬼比他們還要快上一步。比地上餓鬼還快的，是空中的餓鬼，而更快的是日、月的車馴，在這一切當中最快速的是天人，他們用福報的力量神行。但比這一切都還要快的，是人生的消逝！

剛成年時的男、女身體還在成長中，身強體壯。但與時俱進，身體開始蹣跚，彷彿被年老的大患懲罰著。當四大[16]調和時，一切都不錯，但隨後疾病來襲，身心備受折磨。可能因過去生所做的善業和順緣際會的緣故，在某一段時間，人們經歷了極大的快樂、有伴侶的愉悅、財富、和名聲等等。但「緣會終須別離，積聚必有消散」，這一切都會衰敗的。當這一生的動能消失時，或是當某種非時死的情況發生時，死亡的恐怖驟然降臨，毫無拖延。這在《佛說勝軍王所問經》（*Rajavavadaka-sutra*）中，已有很多譬喻的描述。

當死期來到時，我們百般珍惜的身軀，也在與死神的掙扎中被擊垮了。縱使金剛手菩薩也保護不了我們，我們陷入了無望的痛苦深淵之中。那時，這一生所擁有的東西都沒有意義，年輕時的光鮮，黯淡、凋萎如遇霜害的花朵。五官的官能失去而停止作用，就像火焰被風吹熄般。沒有任何藥物能舒緩生命之線被砍斷的痛苦。即使全世界的療法都用上了，還是迴天乏術。即便像耆婆童子（Jivakakumara）[*]這般神醫面對這種睜大眼睛、滿是惶恐的病人，也束手無策。怎麼做都沒有用。當使身體運作的氣開始消散時，隨之而來的是徹底耗盡與癱瘓，風息開始不正常，四肢顫抖和痙攣。呼吸困難、急促、微弱。身旁站立的所有親人——父親、母親、朋友、親戚等，每個人都在啜泣和哀嘆，乞求他們所愛的這個人不要離開他們。但他們祈願的鉤子無法勾住，垂死之人開始上氣不接下氣，呼吸開始變淺，細若游絲。接著無情的死神，便用他的銳斧將呼吸切斷。那時，生命的光輝與美麗就消失了，臉色變得青灰、眼睛充滿淚水，當臉皮被拉往後腦杓時，嘴巴就張開、牙齒露了出來，這是死亡的齜牙咧嘴。投生中陰[**]的沈重黑暗正迎接著死者，他們被背後狂掃的業風驅趕著。他們得經歷許多可怕的幻象，六種不確定緊接而來：地點、棲處、行為、食物、同伴、心理狀態等的不確定。之後，會有三種貪、瞋、癡的可怕深淵顯現，灰燼般的灰白、暗紅、與黑色。也有

---

* 耆婆童子（'tsho byed gzhon nu），佛陀時代最著名的醫生。

** 有關中陰的詳細說明，請參見附錄二和策勒・那措・讓卓（Tsele Natsok Rangdrol）所著的《正念之鏡》（*The Mirror of Mindfulness*）一書（譯注：已中譯為《正念明鏡》一書，由靈鷲山般若文教基金會附設出版社出版）。

四種恐怖的聲音出現：當地大的能量再度浮現時，會聽到如山崩般的吼聲；當火大的能量再度浮現時，會是森林烈火般的聲音；當水大的能量再度浮現時，會是怒海的澎湃聲；當風大的能量再度浮現時，會如劫末之風般狂風呼嘯。

從現在起，願無常之念驅策著我們！

註釋

16 據說身體是由地、水、火、風的元素所組成，對應了固體、液態、暖度、和移動的原理。在這些之上又加上了空，因為沒有了空大，其他都無法存在。當四大之間的平衡失去時，就會生病。

第三篇：三士漸道

下士道：有關因果業報的倫常法教

第三章：業報

業之通則

當我們死後，毫無疑問地，會去到被迫前往的地方。就像魚被魚鈎勾住，我們被自身的業線所纏住，拉往六道中的某一道：上三道或下三道。這全是業的果報：善業或惡業。在勝義諦的層面，的確沒有肇始這種東西；但在世俗諦的層面上，因果的業報法則卻逃不了。就像園丁種下的兩樣種子：苦的蘆薈和甜的葡萄，結出的果實就會有相應的味道。同樣地，我們這一生所具的特質：幸運與否，都是我們過去生習於善業或惡業的結果。

業必有果

飛在高空的鳥影，可能暫時看不到，但還是在那兒，等這隻鳥靠近地面時就會顯現。同樣地，當潛伏的因碰到愛與取*的緣時，業就會結果而產生人生的順逆境。如佛經上所說：

---

* 參見第四章「十二因緣」的部份。

「眾生所造之業，縱經百劫亦不衰損，時機到來、因緣聚合時，業果自會成熟。」

業不可免

只要現象仍被視為真實存在，那麼即使是微小的惡業也容易造成巨大的後果。在本頌中將業譬喻為一隻邪惡的吐火獸——指的是環繞世界邊緣鹽海的火山*。這些火山的火能使大海的無盡波濤乾涸，在這裡海代表善業果報的快樂轉世。研讀《正法念處經》（*Saddharma-smrityupasthana*）、《百業經》（*Karmashataka*）、《方廣大莊嚴經》（*Lalitavistara*，另譯《大遊戲經》）、《普曜經》）、《辨業經》（*Karmavibhanga*）等經典是很重要的，因為在這些經文中描述了人的處境，就像是一艘載著我們航向珍貴遍知之島的船隻，可能會遇難而毀掉一切。

根據本頌所言，充滿可怕、難逃悲苦之下三道的惡業果報，暫時不能壓垮我們，就是我們擁有十種「福德同分」[17]的大軍，換言之，也就是我們有幸投生在上三道的福德。這些福德就像是英雄的土地，尚未被痛苦的軍團所蹂躪。但假如我們的決心變弱，還是會落入十惡

---

* 參見姜貢・康楚・羅卓・泰耶（Jamgon Kongtrul Lodro Tayé）所著《寰宇》（*Myriad Worlds*）一書（譯注：此書為第一世姜貢・康楚所著「五寶藏」之一《知識寶藏論》、另譯《知識總匯》或《全知寶庫》的第一函，此論共三函。受到已故第一世卡盧仁波切的啓發，已英譯出版的第一函即是《寰宇》）。

業中而墮入下三道。這樣的事是很有可能發生的。有些人，發願要解脫，從住持或授戒師那兒接受了清淨的戒律，但因為貪欲或其他惡念的誘惑，破了誓戒而墮落，毀壞了出家戒體。還有，有些人為了獲利而殺害動物，為此使自己的壽命縮短*。有些人，出自瞋心，參加征戰而被殺了。有些人，受了福德的鼓舞，一心苦行，對衣、食毫不在意，可是後來卻成了貪欲的受害者，在婚姻裡落腳。有些人努力地聞思，但卻沒辦法遠離世間八風而充滿世俗的考量。有些人，與其將財物供養給三寶，反而揮霍在親戚身上或浪費在訴訟上。

總之，對關於自身和自己信仰價值的慚心，以及關於他人想法的愧心，是一前一後能使惡業煞車的兩個要素。但是，有些人卻放棄了自己的慚心和愧心**。他們不管善行而多少耽溺在惡之中，臣服於無始以來所養成的習氣。這就是人們墮入下三道、置身其中的原因。

業果不能心續相轉

業的造作者，總是那個經歷果報的人。不管怎樣，為了他人之故所造的惡業：不管是以三寶之名、代表親友或倚靠者、或是為了護衛自己的國家，仔細檢視之下，都會發現是源自

* 殺生的業報之一是會使殺生者自己的壽命變短。

** 分別是藏文的 ngo tsha（慚心）和 khrel yod（愧心）。

自我中心的動機。因此，重大的惡行，譬如因惡意產生的瞋，總會在造作者的身上成熟，而不是落在那些施行的對象身上。後者不受從事者的惡所擾，如本頌所言，沈溺在惡之中的從事者，就像是一隻解開自制的箝制套具而鬆綁了的惡毒大象——這個意象是用來描述涉入惡的嚴重後果。

世間八風與十三種因

天真的凡夫就像小孩般，被世間八風影響而誤入歧途。他們想要獲得、渴求身心的舒適，沐浴在好名聲的間接愉悅當中，一旦受到公開的讚揚就興高采烈。反之，當相反的事情發生時：失去、不適、惡名昭彰、被責備等，就感到沮喪和被污辱。

除了這些世間八風之外，還有十三種其它因素對人類行為發揮了深刻的影響。其中，前五項是和個人的優越感有關而導致傲慢，分別是：（一）社會地位（二）高大俊美的外表（三）財富和影響力（四）在世俗與宗教上的博學、以及（五）年輕。此外，還有（六）冷漠，或是懶惰。這點和熱忱相反，會讓人們顯得軟弱和無能。然後是（七）自大——誤以為自己很好或很有才華——這是驕慢，會讓內心無法增長這些美好的功德。之後是高貴的兩個敵人，使神聖佛法的修行變得困難，那就是（八）貪欲和（九）怨恨。這兩樣就如惡魔般，啃噬了任何過去培養出的功德，並阻礙了功德在未來的增長。接著是（十）悋財，和布施相反，結果讓人們變得越來越（十一）只在乎自己和所擁有的資財。為此，他們的心被（十二）奸詐和（十三）口是心非的藤蔓入侵。被這些因素影響，人們互相哄騙和誤導對方，只為了讓自己捷足先登。但這樣的行為就如同服毒般——為這一生和下一生帶來災難。這十三種因應該被當成敵人來拒斥。

業果的增生

由善行與惡行和合而成的輪迴，會產生不均等的巨大快樂或痛苦果報。這是在更廣大的層面上，遠遠超乎平常經驗所見、如種子長出植物那樣的因果關係。最輕微的行為可能產生極大的後果，這可用自乳王（King Mandhata）的故事來加以說明，自乳王的前世是個小孩，擲了一把豆子供養毗婆尸佛（Buddha Vipashyin）*。其中的四顆豆子落入了佛的托缽中；兩顆擊中佛的身體，落在心臟的部位；一顆被法衣接住。因為供養豆子的行為，自乳王後來成了轉輪聖王，手持金輪統攝四大部洲。爾後成了四天王天裡的強大天王之一，最後投生在三十三天，和其他三十二位天王[18]一起分治。同樣地，舍利弗（Shariputra）供養一匹布給一

* 毗婆尸佛是賢劫的第一位佛。

位阿羅漢，結果證得了大智。相反地，有個故事說某個出家僧污衊他的法友，叫他去吃屎，結果他後來投生成了子宮裡的寄生蟲，之後變成公廁裡的蟲。

因此，誠如這首詩所言：

「不應無得避微善，
雲天雨滴積成海。
勿輕小過思無害，
星火草山燼成灰。」

且如《入菩薩行論》（*Bodhicharyavatara*）中所言：

「如是佛子大施主，若誰於彼起惡心，
佛言隨其心念數，當墮泥犁爾許劫。」

（〈第一品〉，第三十四偈）

（譯注：凡內文出現之《入菩薩行論》偈頌，皆採隆蓮法師的中譯版本，其譯本在字數、詞義上較符合藏文）

一個不比芥子大的小種子，就能長成一株阿修塔（ashota）樹，當這種樹長成時，樹幹丈量起來有一里格（a league）（譯注：是古代人或馬行走一小時的距離長度）寬。即使是這個譬喻，也說不清在業的運作中，善、惡果報的增長與其因之間是如何地不成比例。

瞻察業行之輕重

現象，不論動、靜，既非勝性（prakriti）（譯注：古印度數論派論師主張在微塵、冥暗，與思維之間，有一種原始物質，是一切萬物之因，稱為勝性）的產物，亦非某種造物主[19]的手工製品；現象也不會自行產生。現象是心與心所：也就是善念與惡念的產物。一塊布會因為用了染料而變成不同的顏色。同樣地，看起來不顯眼的善行或惡行，因為背後的動機，其結果從造成快樂或痛苦的角度來說，可能會非常可觀。假如一個行為是無意中或不假思索做出的，若從事者在事後深深懊悔，這個行為的果報就會大幅減弱，因為缺乏兩個重要的因素：事先謀劃與滿意。假如一株植物的根是藥草，那莖、果也都會是藥用；假如根有毒，枝椏也無疑是有毒的。同樣地，一件行為的結果並不太取決於行為表面的好或壞，而是依照其根本的特質來決定：亦即促發行為的善意或惡意。在某部經中說道：

「某男子以善意，置靴於佛頂；另一人以善意取下，兩者皆轉生爲王。」

在欲界中，重大的善、惡業，依五因的成立或缺乏而定。第一是經常因，亦即造作行為的持續性意圖。第二是決定因，憑藉決定因，從事者不會因為別的興趣而轉移目標。第三個因素是缺乏任何取消的力量——藉著反對的考量來削弱動機。第四、第五個因素分別由這個行為的對境是否為「殊勝功德田」或「利益田」來構成。殊勝功德田是三寶的專門用語，利益田指的則是從事者的父母和有恩於他的人，以及所有悲心的對象，如長期生病的人、舟車勞頓的旅人、和貧窮的乞丐等。因此善業、惡業的輕重，取決於這個行為是否針對這兩田的其中之一，和第一、第二、第三的動機因素是否存在有關。

業現形之基

業顯現的根本基礎就是所謂的阿賴耶（alaya）、不確定的「總基」，遮蔽了非和合的心性。這個阿賴耶是一個中性、無分別的狀態，是一切習氣的基礎。其本性是俱生無明，但是，從阿賴耶生起明性與知，好比是鏡子的清澈表面。這就是阿賴耶識（alayavijnana），諸識的根本層，也是讓七識的起落能從中生起的運作場域。其中，意識以最平常的方式來認知事物。「染污的煩惱識」（譯注：即第七識）向內執取自我或自己，在這個基礎上，外境被分成「取」與「捨」。眼識藉由眼根感知色相，其他根識的運作也一樣，各司其職，直到觸為止，觸透過身來體驗身體的知覺。六識（五根與意）本身並不會產生業，即便業在這些識顯現時會累積。然而，六識受到認知人我與法我的無明所滲透，而這個無明就是一切迷妄與痛苦的根源。無明是個大魔王，滋養了苦惱的三毒，為此眾生要不是造作惡行而墮入下三道，就是累積「福德同分」的善行，將他們推進上三道，但卻不是邁向解脫，眾生依舊在無明界[20]之中。轉生在上三道中的業，都帶著一絲傲慢或嫉妒。帶著傲慢的業，會生為天人或人；而帶著嫉妒的業，則會投生在阿修羅道中。就這樣產生了不同層次的輪迴。

引業與滿業

在業的過程中，兩種業（若非善業，就是惡業）扮演了其中的部份角色。首先，是「引業」投射出某個特定的輪迴狀態，接著是「滿業」產生了經歷那個狀態的情境。這兩種業依四種可能的排列相互作用著：

一、當引業與滿業都是善業時，會出生在天道或人道，伴隨著各種殊勝，譬如家世良好、強健美麗、名聞遐邇、富裕等。

二、當善的引業加上惡的滿業時，會投生在上三道，但美中不足的是會有殘缺的官能或其它障礙，或是被別人宰制。

三、當引業與滿業都是惡業時，結果是生在下三道中，唯有經歷痛苦而已。

四、當惡的引業加上善的滿業時，會產生某些動物或餓鬼的處境，在其逆境之外，卻能享有俊美、力量、威儀，與財富[21]。

根據經量部（Sautrantika）（譯注：又稱經部）、唯識與中觀學派的觀點，單一業能生起一生或多生的果。前者的例子是一位婦人投生在梵眾天的故事，因為她對女兒的悲心之故。後者可用阿那律尊者（Arya Aniruddha）的話語來說明，他說自己因為單一善行的成熟，得以七世生為三十三天的天人，之後還成為釋迦族的富有族人。而且，一些業也能合起來產生一生的果，以提婆達多（Devadatta）為例，他因一連數世的業累積起來，同時成為一名僧人和造惡者。另一方面，數個業能產生多生的果，如優婆先那尊者（Arya Upasena）的事跡，他的數世是一些個業所造成的。但在《阿毗達磨俱舍論》（*Abhidharmakosha*）[22]中說道：「一引業造一生，此生之境乃若干滿業之果。」這表示說一切有部持一個引業只引發一生或幾個引業導致數世的觀點。

業的造作與集成

單一業依其輕重與強弱，引發特定的某一生。這點可循業的造作與集成，來加以瞻察。根據其四種排列方式，分別如下：

（一）造作且集成的業，例如，一個人想要對另一人施加傷害，照做了，接著對做出的結果感到滿意。

（二）已造作但未集成的業，例如，當某人被迫、違背他的個人意願，去傷害敵人或奪取他人的財物，這是為了活命、防範不法之徒不義地統治國家或違背佛法。

（三）已集成但未造作的業，例如，某人長時間處心積慮地想要欺騙別人，但卻沒辦法達成。

（四）最後，是未造作也未集成的未定業，換句話說，是時機與意圖都根本沒有成熟的業。

藉由評估這四種排列組合，並辨別經常因、決定因，和其它前述所說五因的成立或缺乏，善行、惡行的強弱，可從其造作與集成的面向瞻察出來，其特定的果報內涵也是如此[23]。

惡業

對三寶所造之惡業

當一間房子快要焚毀時，唯一能對付火的就是水。假如這水是裝在一個容器裡，而火將它蒸發了，顯然對付不了火焰。同樣地，倘若我們毀壞了諸佛身、語、意的代表；倘若我們辱罵和藐視聖法；倘若我們批評和掠奪殊勝的僧團；倘若出於惡意，我們棄捨了三寶、悖離三寶與三寶的庇護，就無可救藥了，沒有任何方法可以修正這麼大的惡業[24]。其後果，就是再也沒有比這更大的惡行了。

起心動念之關鍵性

如前述所說之外，還必須補充說明一點，就是凡夫的六識和其相對應的六根，具有主體、客體的二元認知特性，是業累積的門戶或媒介。業累積的從事者即是善、不善、或中性的動機。動機的生起，和其它心所有關（舉例來說，三種受和三種想）[25]。因此善業和惡業會累積、儲存在阿賴耶。但是，對凡夫心來說，沒辦法精確指出八萬四千種妄念是如何造成微細業*或有多少的微細業。不過，從妄念造出了業是事實。

* 「這表示沒辦法說哪個念頭造成了哪個業，而生出了哪個果。」（《功德海》卷一，二五四頁）

十惡業

有十種與身、語、意相關的行為，是要被捨棄的。

一開始，是身的三業：殺生、不告而取、和邪淫。接著是語的四惡業：誑語、兩舌、綺語、和惡口。最後，是意的三惡業：貪求、惡意、和邪見。

一、殺

一個完整殺業的發生，有五項準則。

（一）要有殺業對象的眾生。
（二）要被害者沒有錯誤。
（三）要有殺生的特定意圖。
（四）要在知的情況下造作。
（五）要所殺眾生的確死去。

等同於殺業的，是透過毆打等致死的一切瞋業，即使並非有意要殺害對方。

二、盜

不告而取的盜業，當四種要素成立時就徹底完成了。

（一）所覬覦的對象必須是別人的財物。

（二）從事者知道是別人的物品。

（三）從事者明知是盜用。

（四）物品的位置移動了，而成為從事者的財物。

和盜相關的業，是靠欺騙取得東西。例如，在商業交易中欺瞞、勒索、課徵不公的罰款或沒收等。

三、淫

當三種要素成立時，邪淫就發生了。

（一）知道貪欲的對象是他人的伴侶，或是已和別人訂婚的人。明知在佛的代表物面前，或是對象是受了別解脫戒（出家或在家）的人。從風俗、時間，或任何其它規範的角度來說*，和某人的行淫被斷定是不當的。

（二）確實有身體的結合。

（三）滿意。

不當的淫行，也包括在邪淫之中。

四、誑語

當四種要素出現時，誑語就成立了。

（一）說者必須無誤地說出想說的話。

（二）說者必須有意欺騙。

（三）謊話必須有意識地說出。

（四）聽者必須受騙了。

和誑語有關的，是用欺騙手段來扭曲事實的一切企圖，和掩蓋事實以欺騙他人。

---

* 舉例來說，對象是未成年者、孕婦、或禁止的幾等血親……等情況。

五、兩舌

在此，有三個因素是必須的。

（一）被影響的人，必須生活和睦或至少處在中性的關係中。

（二）從事者說話的目的是為了分化。

（三）造成雙方的不合，或至少說話者的用意被聽進去了。

同樣屬於兩舌的，是重複批評，或受到別人的誹謗而滋生憤恨。

六、綺語

這由三個要素組成。

（一）由染污主導的交談。

（二）心散逸入不當的內容。

（三）出現毫無意義的閒聊，換句話說，由交談產生了貪或瞋。例如，包括吠陀經中所描述的犧牲、詩歌、有關帝國興衰的歷史記載、唱歌、傳奇的講述、情色文學、冒險和犯罪的故事等。

和綺語有關的，是一切有關戰爭、犯罪等的不必要交談，即使這些談話並不會引發貪或瞋。

七、惡口

這點依賴三個要素。

（一）必須對特定人士講出。

（二）講話的對象被惡言相向，且被揭發隱藏的過失。

（三）話語刺傷了那個人的心，引起創傷和難過。

關於語的濫用，是各種口蜜腹劍的談話，引發別人的不快。

八、貪求

貪求有兩個要素。

（一）心中的對象必須是有錢人或有名聲的人。

（二）此人必須迷戀那個人的功德和擁有的東西，而想將那些據為己有。

和貪求有關的，是對他人錢財和優點的一切思惟，和想據為己有的願望。

九、惡意

惡意需要有兩個要素。

（一）對象必須是活著的眾生。

（二）從事者厭惡且深深想要傷害別人，希望造成那個人的悲苦，不管是身體上或心理上的。想要傷害的人，是下列九種對象的任何之一，包括：對自己造成問題的人、攻擊朋友的人、幫助敵人的人；這三種又因為過去、現在、未來的不同而乘以三，加起來總共有九種。除此之外，還有五個要素伴隨著惡意，分別是：憎恨、仇恨、受傷的我慢、復仇心、和無知。

與惡意有關的，是見到別人優點——譬如有錢或長壽時的不舒服，希望他們沒得到這些、正好相反。

十、邪見

有兩種邪見。

（一）不相信業報的因果不爽。

（二）相信常我和現象的實存，或持相反的斷見——即相信死後什麼都沒有。和斷見有關的，是出自仇恨而宣稱聖者有過失，事實不然，且顛倒地否認聖者所具有的功德，因而使他人心中產生懷疑。

十惡業之果報

這十業都有四種業報：異熟果、等流果、士用果、和增上果。

異熟果

業有五個相關的要素，分別是：（一）動機（善或其它的）；（二）造作；（三）有意識去做；（四）業的結果和；（五）對已完成的業滿意。但是，不管一個已造成的業是否具備這五項要素，異熟果主要源自於第一要素：動機，而動機有三種：最輕微的是無明（舉例來說，殺手並不知道殺生是錯的），由於無明，從事者造成了投生在畜生道的因。比這更糟糕的，是出自貪欲而殺生，為了得到肉、皮、角、象牙、珍珠等等。在此，這種殺業會將從事者推向餓鬼道中。最壞的是由憤恨或瞋怒主導的殺生，如某人謀殺了某個敵人。在這種情況下，這個業非常嚴重且會產生地獄道的投生。

等流果

等流果若非主動，就是被動地現形。第一種主動經歷，是前世具有的惡習氣果報帶著傾向同樣惡行的性格，伴隨著引發的生命處境，便自然而然地重複了行為模式*。第二種被動經歷，是即便善業導致上三道的投生，但所經歷的處境仍會反應出前世所造的惡業。每種惡業，有兩種特定的痛苦相連。殺生的結果是疾病纏身、短命。偷盜會產生貧困，且有敵人覬覦所分到的微薄物品。邪淫的果報，是遇到不討人喜歡、爭吵不休、邋遢的伴侶；伴侶還和敵人交往，最後互相敵對。誑語的果報，是被誹謗和不分青紅皂白地批評，以及容易被自己信任的人背叛。兩舌會造成無用、棘手、互相爭吵的家人、僕人、和侍者；難以調停。綺語的果報，是不管說什麼都不會被接受；說的話被當成廢話、空穴來風。把他人當成惡口對象的果報，是不斷被攻擊和責罵、任何所做的事都有問題並成為日後爭執與痛苦的原因。貪求導致對資財不滿的處境並想要更多，且伴隨著不可能達到的焦慮。惡意的果報，是莫名其妙出現各種困難——生病、不幸、敵人等等；同時，親人和所有物——使個人快樂的一切情境，憑空消失。邪見導致對佛法喪失信心並有誤入邪見與不實看法的傾向；同時，個人也會

* 獵人可能轉生為被獵的野獸，小偷變成老鼠……等等。

有扭曲和欺騙的性格*。

士用果

士用果與棲地和環境有關，使其成為痛苦之源。在《正法念住經》上說道：

「身之外相、財物、悲喜，無非心之想像；猶如夢境，由心所造。」

同樣地，在《入菩薩行論》中也可見到：

「有情地獄諸刀劍，誰爲主宰而製作？
熱鐵地基誰鑄造？眾多女鬼從何出？
如是一切出生因，佛說皆由造罪心。
是故於此三界中，可怖無過於心者。」

（〈第五品〉，第七、八偈頌）

* 據說邪見的果報之一，是容易受騙和容易誤入歧途。

殺生巨力惡行的業渣滓，會影響個人出生的環境。環境會是不悅、擁擠的，沒有任何的順境。鮮少藥用的樹木和植物，農作物欠收，食物和飲品缺乏養分和止渴的功效，只會消化不良和成為病因。環境險惡，有危險的河流和峽谷、敵人、和野獸。必須住在嚴峻與可怖之地，就是殺生的果報。

偷盜的後果，是出生在農作物稀少之處，僅有的作物也往往脆弱、易毀壞。假使有了可食用的水果之類的，也是品質粗劣、既不好也不美味。母牛、母犛牛等，也擠不出牛奶。倘若農作物正要成長，就會有不可避免的霜害或雹害。牲畜會迷路而走失。有著飢荒的威脅，老是十分擔憂沒有足夠的食物和飲品。

邪淫的果報是生活環境髒污且惡臭撲鼻，屎尿橫溢、如牲畜的排泄物和油污。前世行為的力量難逃地種下了生在惡臭之地的藤蔓，在那裡少有安適可言，個人被困住且被迫就此生活下去。

說謊會使個人的影響力和財運產生極大的不穩定。不管走到哪，此人都和那個地方格格不入，也很容易被每個人欺騙，包括敵人、朋友，甚至是不認識的人。因為有這樣的逆境，結果就是偏執狂和一個充滿神經質、焦慮的人生。

至於兩舌，會出生在荒涼、不友善的地方，到處是深谷和懸崖峭壁，使得外出困難且充滿不便。

惡口會導致經歷乾枯、遍地石礫的場景，在那裡連水果叢都長滿了刺，沒有任何花園，只有光禿禿的樹木殘幹，農作物很少、也沒有營養。在這種地方，到處是致命的疾病，不可能擁有健康。水不新鮮也不乾淨，混濁而有怪味；地上滿是灰塵、穢物。在這種地方的人們苦不堪言。

綺語的後果，就是除了自己的辛勞之外，什麼都得不到。可能犁了田、養了牲畜、經商了——但毫無成果。春天看起來好像在預告豐收，但到了秋天卻沒有任何收穫。環境也不安定，險惡四伏。

貪求產生了對環境的經歷，是穀物的外殼與其應有的比例正好相反。即便這個國家先前國泰民安，現在卻四季顛倒混亂。壞的時節正要來臨，苦難也蓄勢待發。

由於惡意，人們會出生在艱困的地方，被邪惡的統治者管轄，這個暴君會用暴力與戰爭的手段來壓制人民。這些人毫無抵抗能力地被強盜、小偷、毒蛇、野蠻人、豹虎之類的野獸所攻擊。在這裡農作物和水果都苦澀、辛辣。體力衰弱，環境也容易被天然災害襲擊。

至於邪見，會出生在貧窮、完全缺乏舒適或奢侈品——如絲綢、珠寶之類——的地方。可食用或藥用的植物、樹木少得可憐，或根本就沒有。可吃的水果或花卉，幾乎沒有營養，也無法提供身體力氣。此人成為敵人與邪魔的受害者，孤立無援或毫無庇護。

增上果

除此之外，業還與來生發生之事有關，譬如殺業。且其果報每一刻都在增長著。縱使是微小的業，也可能產生巨大的痛苦。

結語

從無始以來，現象的究竟本性就被厚重的無明所覆蓋與遮蔽。但我們卻被更嚴重的黑暗，亦即我們的妄念*所折磨。妄念不斷地增生，徹底蒙蔽了我們。在這個淒苦、可怕的輪迴監獄中，很難逃出去，我們的五蘊忍受著漫長、難熬的苦惱，彷彿被利刃切割與砍剁。這些就是十惡的後果。在這些惡行當中，最壞的是五無間業[26]，和近五無間業[27]：如破毀佛塔、殺菩薩與阿羅漢……等，以及其它的罪行[28]。

* 基於對人我與法我的感知。

善業

因為妄念執取實有，因此出現了上三道與下三道的外相。當眾生被這樣的幻相影響時，十善業會將他們推向上三道。為此，吉美・林巴敦促我們要自覺地遠離十惡業，並行持十善業[29]。

在《寶鬘論》（*Ratnavali*）中提到，善業讓眾生不會生於地獄道、餓鬼道和畜生道；善業為眾生帶來人道、天道的喜樂，並讓他們有機會經歷各種三摩地的淨喜與無盡的無色定。

下士道概述

在法教中已陳述了善與不善的區別，因此倚賴善行是很重要的。十種福德同分的善業，會產生快樂的命運，而惡業會加速墮入迷失的狀態。要正確地依照因果的業理來了解其差別，取善行而非惡行，這就是所謂的下士道。在經中說道：

「具此正見者，此世俗之正見，往後數千世將不落入惡道。」

中士夫如何修善

相對於福德同分，解脫同分（由中士夫所受持）會帶來離於一切業障和染污的涅槃狀態。「解脫同分」意指以了悟人無我的智慧來行十善，也涉及色界四禪的修行、無色界四定，以及六德[30]——布施、持戒、安忍、精進、禪定、般若——的行持，並捨棄一切違反者。這一切都含攝在五道之中。在資糧道上，善的修行主要是受法和聞法。在加行道上，主要的修行是禪修，雖然這仍屬於世俗的層次。在見道上，已直接證得了人無我，而在修道上，主要的修行是無我和持戒。當這一切的善都被徹底修持且得到成就時，就證得了無學道。換句話說，「解脫同分」指的是在五道上累積無垢的福德。

上士夫如何修善

在上士夫、亦即菩薩的修行中，沒有須取十善、捨十惡的作意之見（如聲聞、緣覺的作意之見）。因為大智的運用，菩薩圓滿證得了一切內、外現象本質的空性——即人我、法我皆無自性。一切悲心的方便相，也就是布施等六度，都封印了空性之印。在此論中，方便與智慧結合的善業，就像是煉金術師的靈丹妙藥，將根本無明轉變成黃金。在此，無明被理解為不能了悟輪涅不二，結果讓人們以對立的角度來認知輪迴與涅槃，認為涅槃是必須擇取之物，而輪迴是必須棄捨之物。究竟的佛性、不住於兩邊（輪迴與涅槃）的智慧，就此證得了，而佛身與其事業，就不費力地現起而生起了出世的善。

如《入菩薩行論》中所言：

「如是一切諸支分，能仁悉爲般若說。
欲求寂滅諸苦者，是故應令般若生。」

（〈第九品〉，第一偈）

大乘四道的修學，是透過布施等（也就是說，在座下）有所緣*的修行來累積福德。但事實上修行本身仍被視為是如幻的——換言之，與了悟主體、客體、行為皆非實存的無分別智有關——這意味著同時也累積了智慧資糧。當某人越來越熟習福、慧二資糧雙運的修行時，煩惱障與所知障的二障就被清淨了，且證得了法身與色身二身。

在《寶鬘論》中說道：

「佛身之現起，由福德積聚故，然（總論）勝義佛身，自智慧藏王生。」

* 有所緣，藏文的dmigs bcas，通常譯為「有所緣」或「有念」。

從勝義的角度而言，離於一切概念的造作，因果的業報法則僅是假立的。事實上因果的作用，如顯教所承許、是非實存的，也指出了甚深的緣起法，這是凡夫很難理解的。

如同《解深密經》（*Sandhinirmochana-sutra*）上所說：

「甚深實義非爲稚者，
勝者宣說無別而難詮，
淪於迷惑之幼童，
以法教自娛而處分別之中。」

註釋

17 福德同分（bsod nams cha mthun）指的是行善業時，帶著人我與法我是實存的信念。這樣的行為會產生輪迴中的快樂，但卻不能脫離輪迴，因此和帶來解脫善業的「解脫同分」（thar pa cha mthun）是相對的，後者能產生對輪迴的解脫。

18 三十二位天王是這層天裡較小的天神，帝釋天是三十三天的掌管者（譯注：帝釋天又稱帝釋、因陀羅、釋提桓因，居於三十三天的中央，四方各有八天，合起來共有三十三天，故稱之，此天又名忉利天，屬於欲界的第二層天）。

19 有關原始物質勝性及造物主所創的詳細討論，參見堪千•昆桑•沛滇（Khenchen Kunzang Pelden）所著的《智慧：二釋論》（*Wisdom: Two Buddhist Commentaries*）一書，一〇五—一一五頁。

20 「就凡夫而言，不太需要提及無明是三毒之根，但據說除非『染污識』改變，否則取得較高的功德仍是有困難的。舉例來說，較高的功德指的是造訪淨土的能力，和自然而然生起離念智。對殊勝的登地菩薩來說，的確也是如此。」（頂果•欽哲仁波切註）

21 參見巴楚仁波切所著《普賢上師言教》一書，七十三頁。

22 《阿毗達磨俱舍論》的作者世親，常被認為在其小乘時期，曾是經量部的論師。但是，他的《阿毗達磨俱舍論》卻是從說一切有部（Vaibhashika，譯注：又稱有部、毗婆沙部）的觀點寫成的。

23 換言之，「造作」（byas）僅是指業的動作；「集成」（bsags）指的是意向、滿意等等，使結果深印在心續中。尊者達賴喇嘛表示造作與集成的四種排列組合，揭顯一個業行的果是否確定現形。第一和第三種排列，指出一個業的果報必定會出現。其它兩種排列就某種程度而言並不會顯現。參見《達賴喇嘛在哈佛》（*The Dalai Lama at Harvard*）一書，六十頁。

24 這背後的邏輯是，三寶是懺悔的對象，藉此某人能清淨最嚴重的無間罪。辱罵或駁斥三寶的嚴重性，就形同放棄了那個可能使罪業清淨的對象。

25 三種受指的是悅、不悅、和中性。在此的三種想是和三界（欲界、色界、無色界）相關，分別是：小、中、大。參見附錄四。

26 五無間業、殺父、殺母、殺阿羅漢、出佛身血、與破和合僧。這些業立即感果，是因為其果報非常嚴重以致於超過任何其它的業，死後甚至不經過中陰的階段，就直接墮入地獄。

27 近五無間業是：破毀佛塔、殺住定地菩薩、殺有學聖者、奪僧伽資具、和污辱女阿羅漢。

28「在此論中，還提到十六重業與八邪行：四重邪業（log pa'i lci ba）：坐於博學者之上、受具足戒之比丘頂禮、偷禪修者資財、偷密咒師法器。四重違業（nyams pa'i lci ba）：以三寶之名發重誓、剃度者違犯聲聞戒、大乘行者違犯菩薩戒、密咒乘行者違犯三昧耶。四重下罪（smad pa'i lci ba）：出自愚癡而輕蔑佛的身相、出自傲慢而輕蔑博學者的功德、出自嫉妒而輕蔑實語、出自分別心而區分宗派。四重謗罪（skur pa'i lci ba）：縱容邪見、縱容出佛身血、肆意謗責同輩、錯誤與不實的指控。八邪行（log pa brgyad）：（一）抑善、（二）揚惡、（三）激怒善者、（四）斷信者之善行、（五）捨棄上師、（六）捨棄本尊、（七）捨棄師兄弟，以及（八）違犯神聖壇城（如儀軌）。」（《功德海》卷一，二七六頁）

29「差一點犯下十惡，沒有制止的意識，被認為是未定業（換言之，即是不明顯的業）。善行的界定，是心有清楚的意念拒絕造惡而擇善。善行是積極護生、行布施、完美持守戒律、講實話、迴避爭吵、祥和嚴謹的言語、如法的言語、知足、和悅對人、深信因果等等。」（《功德海》卷一，二八三頁）

30 聲聞與緣覺也行這六度，但缺乏徹底的空性智慧與菩提心的方便。為此，就不用「波羅蜜多」（paramitas）或「度」（到彼岸）這個詞。

中士道：有關四聖諦之正行

第四章：輪迴過患

四聖諦

出生在人、天上三道的眾生，擁有很好的機會：因為幸運出生為他們提供了機運。這就像是擁有一艘可以渡過輪迴苦海、航向自由的船，暫時地，能避開等著把他們拖往深海的海怪猛牙。不過，他們還未抵達解脫的乾燥陸地，在那兒能遠離痛苦、沒有氾濫的染污煩惱。事實上，他們甚至還未證得如下所說的加行道階段：

「已登『頂』——善根不減；
已得『忍』——不墮惡道。」[31]

在這種情況下的人們，應該倚賴四聖諦*的法教，在本頌中將四聖諦比喻為船長。佛陀在瓦拉納西（Varanasi）傳下了四聖諦，並以三種方式來解說。首先，佛陀僅是點出四聖諦，

* 參見附錄三。

說道：「喔，眾僧啊，這是苦，這是集，這是滅，這是道。」之後，他指出四聖諦的因相，說道：「苦必須了知，集必須捨棄，滅必須證得，道必須依循。」接著，他表明了四聖諦的果相，說道：「喔，眾僧啊，當你了知苦，再也毋須了解者；當你捨棄了集，再也毋須捨棄者；當你證得了滅，再也毋須證得者；當你依循道，再也毋須依循者。」

苦諦

苦之遍性

我們必須了知在輪迴的六道中（三種下惡道和三種上善道）完全充滿了苦：有「苦苦」、「壞苦」和「行苦」。苦苦是純粹的苦，就像痲瘋病患者，除了本身的痲瘋病外，還飽受水泡的折磨。壞苦指的是歡愉或快樂總是很容易轉變成苦，就像某人走在花園裡，卻被毒蛇咬了一樣；或是吃了一頓美食，卻感染了腸蟲般。行苦所指的事實，是由於染污的煩惱識存在於每個行為的背後，因此我們所做的任何事都潛藏著外在與內在的苦，這正是無明的產物。在整個輪迴的任何地方，都逃不了這三苦的羅網。在下三道中，受苦苦的支配，飽受惡業的果報。在人道和欲界的天道中，顯現出善業的快樂果報，所以在這種情況下，主要是第二種苦、壞苦。最後，在較高的色界和無色界中，眾生所經歷的是無苦、樂的中性狀態，是「不動搖業」的果報。

「在這種因緣下，許多先前累積的惡業會繼續潛藏在內心中，因此即使痛苦的果報未現形，仍舊在那兒，準備冒出來。而且，色界、無色界眾生的前世善業果報，會在欲界成熟而帶來壞苦。所以色界、無色界的悲苦，主要是行苦。」[32]

苦之助緣

我們目前與未來痛苦的根源，是貪、瞋的有害習氣，受到我們對幻相的執著牽引而生，導致毀滅性的因果業報。這個「貪魔」，就宛如伺機而動的毒蛇。外在的客體、形色、音聲等等，都是某種毒物，在經歷的當下似乎滿愉悅的，之後就顯露出痛苦的本質。心被這些外境所混淆，與外境糾結在一起，就像鐵在火裡鍛燒時充滿了熱度般。因為缺乏洞見去體認貪愛所含的過患，眾生就在輪迴的監獄中煎熬著，從來不曾發現要如何逃脫。這的確是我們可怕的困境，當我們一想到這點就會湧現憂傷[33]。

在輪迴中的眾生嚮往快樂，並盡一切努力想要獲得快樂。但眾生費盡千辛萬苦、困難重重之外，事實上卻不曾意識到快樂之因，反被自己的無明拖垮。譬如，透過邪淫他們製造了各種苦因，最後還得忍受其果報，被痛苦的利刃、利尖所刺穿。他們全心地擁抱會帶來立即、長久痛苦的事物。就像寂天菩薩（Shantideva）在《入菩薩行論》中說道：

「心欲捨離諸苦海，現於諸苦轉趣近，
雖欲安樂而愚昧，摧壞已東如仇人。」

（〈第一品〉，第二十八偈）

貪欲是這一生與下一世的痛苦來源，就像飛蛾撲火般毀掉自己，人們被諂媚的愉悅之音所吸引，被煙草的味道、肉味、情人的輕觸、和絲衣的撫觸所誘惑。所以人們被矇騙，毀掉了通向自由之路。受到甜美笛聲的引誘，鹿就被毒箭射中；受到花香吸引，蜜蜂就被花瓣誘捕；不能抗拒魚餌的味道，魚就上鉤了；急於尋找交配的對象，大象就被流沙吞沒。眾生被六根的對境（譯注：指色、聲、香、味、觸、法六塵）誘引，不斷被六塵繫縛。就像世親所說的：

「眾生無一餘，恆被五根所誘，日夜受制，豈有樂可得？」

的確，輪迴的強烈痛苦是烈火，吞噬了所觸及的一切。遠比獅子、老虎，和猛獸造成的傷口還嚴重；也比野蠻人帶來的傷害，或是國王判處孤獨、無援的個人刑罰還嚴重——輪迴的悲苦更為強大、比襲擊更迅速、也更為持久。眾生持續被三苦與八苦所折磨，這八苦——生、老、病、死、怨憎會、愛別離、求不得、五蘊熾盛——還彼此相隨、不斷迸發著。

很難想像從輪迴的無始以來，到底有多少眾生曾經和我們有關係，曾經是我們的父母、敵人、或冷漠以對的人。事實上，所有眾生在這麼久遠的時間裡，都曾以這三種方式和我們有過關連。當他們是我們的敵人時，傷害過我們；當他們是我們的父母或朋友時，珍愛或幫助過我們；當前兩者都不是時，他們忽略我們。沒辦法計算我們所擁有過的關係數量。從前當迦旃延（Katyayana）尊者外出化緣時，路過一群人，知道將他們聯繫在一起的業緣，就感嘆道：

「砸母、食父肉，怨敵膝上哄；
妻吮夫骨頭——豈不嘲輪迴？」[34]

龍樹菩薩（Nagarjuna）在其《勸誡王頌》（*Suhrllekha*，譯注：或譯《親友書》），在本書中皆引自唐代義淨法師的譯本）中也說道：

「過去一一生身骨，展轉積若妙高山，地土丸爲酸棗核，數己形軀豈盡邊。」

最後，值得思惟自無始以來，每個眾生（更遑論全部的眾生）在輪迴中不斷出生，為了追求滿足而失去頭、四肢的數量會有多少。這麼多的頭和肢體，雖然小，但全部堆疊起來，就比須彌山還要高，而須彌山有八萬里格那麼高！不管流轉在輪迴裡、或高或低，當我們在熱地獄中不斷被迫吞下烊銅，或投生在餓鬼道中啖食穢物、膿、和血，我們流下的眼淚比所有流到世界邊緣大海的全部河水還要多。這在《正法念處經》中有特別提及。

下三道之苦

八熱地獄

在輪迴中無一處是苦到達不了的。但在下三道中的痛苦，尤其是地獄道的痛苦，又遠勝過一切。第一個熱地獄叫做等活地獄。在此的眾生，認定彼此是不共戴天的敵人，互相打鬥至死。死時有一個聲音說道：「活過來！」被斬之人就又活了過來，又開始你死我活的打鬥——像這樣沒完沒了。在《正法念處經》中提到，那些殺害人類或非人類眾生的人，必定會投生在等活地獄。

第二個熱地獄是黑繩地獄。在那兒，眾生受到以黑繩（從八條無數條）劃在身體上再用鋸子鋸成塊的折磨，一旦身體被支解後，馬上就因為業力而重新組成一體，只得再被支解。

在《正法念處經》中特別指出，這是殺父母、殺親友、欺騙他們、以及挑剝離間的緣故。第三個熱地獄是眾合地獄（譯注：或譯推壓地獄），在這裡，眾生被兩座形狀類似他們先前所殺害動物頭部的高山所壓碎，要不就是被錘子和棍棒擊碎。在《正法念處經》中說殺害動物，殺了山羊、綿羊、狐狸、豬、兔子、老鼠、鹿等，是投生此處的原因。第四個熱地獄是叫喚地獄，在那兒，因為惡業的緣故，許多眾生被熔鐵烹煮，或被白熱的錘子、刀劍等擊碎、刺穿。在可怕的折磨中嘶喊、哭號著。他們會投生此處，是因為曾經在身體、語言、或心理上虐待別人，或是曾讓別人誤入歧途、墮落。第五地獄是大叫喚地獄，在這裡的痛苦甚至比先前的叫喚地獄還要強烈，眾生被驅趕進有兩層牆、熱得熾亮的鐵圍裡，在可怕的慟哭中被煎烤著；這種下場的原因是偷三寶的資財、隱修者的物資、或上師的所有物，並讓他們受苦。第六地獄是炎熱地獄，在此人們必須躺在燃燒的鐵板之上，被鞭打和煎烤著，身體還被白熱的尖鐵貫穿。第七地獄是極熱地獄，更甚於前者，眾生被火和燃燒的武器所折磨，身體被三叉戟貫穿、整個被熾亮的鐵皮包裹著，交替地被浸泡在火燒鐵鍋的烊銅液裡，所以他們就像黑白的骷髏般，在恐懼中抽搐著。第八地獄是無間地獄，在這裡受盡最大的痛苦，既不間斷也不動搖。眾生被困在燒紅熱鐵、有著雙層或四層厚的建物裡，密不透風，且無一倖免地被火嗆窒與燒炙著。在〈地獄品〉（譯注：在《長阿含經》、《正法念處經》、《法句經》、《般若經》等多部經文中皆有〈地獄品〉，在此應是《正法念處經》中的〈地獄品〉）中，特別提及那些嚴重傷害具有殊勝功德者[35]，或殺害父母與上師的眾生，必定在無間地獄中被焚燒一整劫。

十六近邊地獄

當八熱地獄的痛苦稍減時，其中的眾生會以為他們能逃脫、得到自由，地獄之門也似乎敞開著。但在熱地獄周遭的四個方向，每一邊都有四個近邊地獄，總共有十六個。之前地獄的囚犯衝了出來，奔向他們誤以為的河流，結果河流是燃燒著灰燼的溝渠，他們被長滿粗密鬃毛的鐵狗驅逐入內。接著，他們看到遠方有酷似涼爽、舒服的地方，趕忙前去，卻只是掉進了腐屍、糞便的泥沼中，被裡頭蟲子堅硬的利牙嚙咬著。一旦脫離此處，他們見到一片愉悅的平原，但當他們跑向前去，身體就被長在那裡的樹木刀刃般的葉子割成碎片。他們逃了出來，又只是沒入渡不過的燃灰河中；這種痛苦比落入閻羅王口中還要劇烈。

經歷腐屍泥乃是邪淫的果報；用武器弄傷、折磨眾生，產生了劍林；戀童癖、覬覦僧團的資具、殺魚和殺害其它動物，導致渡不過的燃灰河。

在四個方位有鐵刺樹的山丘，在這裡，眾生會見到他們曾經有過貪欲的對象，並憶起他們對愛的承諾而奔向這些對象，就被狗、豺狼追逐著。當這些眾生爬上山丘，樹上的尖鐵刺便往下，刺進他們的身體，造成嚴重的傷口。當他們抵達山頂，「摯愛」變成紅燒鐵的怪物，用熱燙的臂膀抱住他們，壓碎他們的腦袋、將他們弄成一攤模糊的血肉。之後，禿鷹和專吃腐肉的烏鴉，會用堅硬的喙啄出他們的眼睛，並撕開他們的腸胃。就像《正法念處經》中說的：「通姦者會爬上鐵刺山，並被可怕的鐵怪所蹂躪。」

至於熱地獄的壽量，如在《阿毗達磨俱舍論》中特別指出的，應該要記得地獄的一日等於欲界天天人的一日，餘者類推[36]。

八寒地獄

在可怕的深谷裡，被刺骨的暴風雪襲擊，身體被「寒繩」緊緊包夾而動彈不得，眾生被寒冷徹底地麻痺。他們完全被痛苦震懾住，但無法捨命死去，有一種難以言喻的強風將風刃插入他們的命脈中，一再地進入最深的骨髓裡，冰冷的感覺貫透裡外。他們被冰冷的碰觸折磨著，彷彿是齒縫間被咬碎的一顆芝麻。在皰地獄，嚴寒使身體出現大腫皰。在裂皰地獄，這些腫皰裂開來、變成傷口。然後冷得受不了，讓這些眾生不斷哭嚎，這就是緊牙地獄。之後，在呻吟地獄（另譯阿啾啾地獄），連悲嘆也沒辦法，被困在此處的眾生只能從口中發出長的呻吟聲。在顫牙地獄（另譯阿呼呼地獄），連呻吟也不可能，汗毛直豎，身心羸弱、無力。在青蓮地獄，皮膚變成青色而綻裂開來，猶如六瓣的烏巴拉花（utpala，另譯青蓮）模樣。之後，在紅蓮地獄，肉裂成八片，好像蓮花一樣。然後，在大紅蓮地獄，肉綻裂成十六片，越來越多，直到難以計數的碎片，從這些破裂的皮膚滴下膿、血；在傷口處，還跑出鐵齒的蟲子，鑽進肉裡啃噬著。在這種情況下的痛苦，是無法想像的。為了對困在八寒地獄中的眾生壽量有個概念，請想像有一個裝滿芝麻的籃子，裝滿了二百藏升*。皰地獄的壽量，是每一百年從籃子裡取出一粒芝麻，直到把籃子取空的時間。在八寒地獄中的壽量，依次以二十的倍數等比增加（譯注：即裂皰地獄的眾生壽量是皰地獄的二十倍，緊牙地獄是皰地獄的四百倍，依次遞增）。

孤獨地獄

孤獨地獄中的眾生，存在於主要的地獄之外，因為認同木頭等物是其身體，當這些東西被砍剁、分割而受苦。同樣地，他們可能被囚禁在小石頭或大圓石裡，沒有任何出口。或是

---

* 藏升（koshala），藏文的bre，古代印度的容量單位，約兩品脫。

他們可能被困在門、柱子、壁爐、繩子、冰河或樹枝裡，或在空中被吹來吹去。在這些幻覺裡，他們把這些物體當成自己的身體，產生了持續性或間歇性（眾生可能受限於白天、晚上，或僅是短暫的時間）[37]的痛苦——這一切都是因為不同的惡業所造成，如挪用、利用僧財的緣故。目犍連（Maudgalyayana）曾說過：

「世間無樂可覓得，如處孤獨地獄中，
眾生受盡自悲苦，如困燃燒爐火中。」

就像氾濫的大水被沖進一條狹溝中，眾生的生命被痛苦的猛烈風浪擊打著。倘若這個動盪沒有立即用聽聞、思惟、修持法教所生起的智慧來加以平息的話，那麼這個遠勝過天人並可做為佛法修行基礎的人生因緣，就會像坍塌的防波堤般崩毀。死後與之後的來世，就會一再地徘徊、輪轉在這個可怕的輪迴荒原裡，盡是痛苦與淒涼。

上三道之苦

天道之苦

現在，即便投生在上三道中，也還是沒有真正的利益。在無色界高遠的四重天裡，眾生懸在中空的無記定中，既沒有樂也沒有苦。當造成投生此處的善引業耗盡、即將出定時，先前的業因為愛、取*而恢復，於是產生了下一生，在其中必須歷經形形色色的痛苦。色界的天人，從梵眾天到廣果天，享受著四禪的樂，但當使他們投生在色界的業與樂報（因為有染污的煩惱，所以此樂是有染污的）耗盡時，這些天人就會經歷劇烈的痛苦，因為得墮入地獄道中或是其它迷失的狀態中。

大梵天享受著無欲的樂。他化自在天（Devindra Kaushika）是欲界諸天中最完美與最殊勝的，位於須彌山上方。轉輪聖王統轄四大部洲。這些眾生就是如此，由於前世善業成熟之故，沈浸在愉悅當中。但他們的樂，就像是暫時從烏雲後面露臉的太陽。當過去福德的果報耗盡時，所有的愉悅與美善就會消褪，如燈油逐漸用盡時即將熄滅的油燈。就像龍樹菩薩在《勸誡王頌》中所說的：

---

* 參見本章稍後「十二因緣」的部份。

「梵主世皆供，業力終淪地，
縱紹轉輪王，迴身化奴使。」

高居須彌山頂的天界善見城（譯注：忉利天中央）地面，柔軟而易踩下，一舉足就彈回原地，這是帝釋天統轄之處，穿著絲質磐佳麗卡（panjalika）的天衣，觸感輕柔。毗濕奴與四天王天的天神，當龍族與緊那羅（另譯歌神）向其禮敬時，腳下的蓮花就綻放出紅寶石般的璀璨光芒。但是，當其引業的業力用盡時，縱使是帝釋天也會下墮而投生在地獄中，在那裡受到燃燒的尖鐵刺穿、折磨著。這就是欲界的過患，欲界的天人耽溺於樂，流連在擅長六十四種舞蹈的年輕貌美天女懷中。他們享受著美妙的滿願樹園林、衣物、珠寶，以及由珍寶設計而成、裝飾著珍珠寶傘、鈴、排鐘的華麗亭台，和其它種種的美好。但最終，他們還是失去了這一切，一頭栽進燃灰坑與劍林中。當天人快要命終時，天衣會開始變髒發臭；他們不再覺得臥榻舒適；花鬘凋萎；被先前環伺的天女拋棄；開始冒汗，先前他們從來不知道會流汗，但這時汗水開始從額頭與四肢冒出；原先服侍他們沐浴的天女全跑光了。他們充滿了畏懼，因為有天眼能預知下一生的所在，他們害怕地昏厥了過去。朋友與家人都不敢靠近，只能從遠處呼喚他們，祝福他們能再出生在天道或人道之中。當他們凝視著朋友時，不禁悲痛欲絕地哭泣。以天道的時日來計算，再過七日，他們就會經歷死亡與移居的痛苦——

這種深沈的痛苦是人們所無法體會的。

日、月的天人（譯注：日宮天子、月宮天子等）住在光殿中，照耀了我們世界的四大部洲。這些宮殿狀似傘蓋，極為廣大，幾乎遮住了須彌山半山腰之由乾陀（Yugandhara，譯注：另譯雙持山，是須彌山外圍八山、八海的第一座山名）山頂的天空*。但在未來的某個時間，這些天人會發現他們處在最黑暗的地區，在這種暗無天日的地方，連自己眼前的雙手都看不見。

阿修羅道之苦

雖然阿修羅王毗摩質多羅（Vemacitra，譯注：在《法華經》、《起世因本經》、《正法念處經》中皆列有四大阿修羅王的名字：婆稚、佉羅騫馱、毗摩質多羅、羅睺。毗摩質多羅住在須彌山東方一千由旬的大海下，國土廣八萬由旬；由旬另譯踰善那，是古印度牛掛軛行一日的距離，換算約今日的七、八公里），住在黃金鋪地的王宮善導宮（Well-Guided）。雖然王城光明城（Golden City）與集會的善寶殿（Perfect Jewel）中，充滿了財寶，但阿修羅還是嫉妒三十三天更富饒、更輝煌的王宮勝利宮（Triumphant）、王城善見城，和集會的善法

* 更詳盡的描述，參見姜貢・康楚・羅卓・泰耶的《寰宇》一書，一〇九頁。

堂（Perfect Law）。受到他們強大嫉妒心的唆使，阿修羅便出兵攻打天人。因天人的軍隊部署了可怖的武器，而且天人除非被砍斷頭顱，否則不會死去；相反地，阿修羅跟人類一樣，只要傷及要害就會斃命。天人攜帶致命的武器，將阿修羅的頭和四肢砍下，讓阿修羅痛苦異常。在〈阿修羅品〉中，說明了投生阿修羅道的原因：「凡行狡誤、多犯邪行、並以爭鬥為樂而行布施者，將生為大力阿修羅。」

人道之苦

苦苦

此生稍縱即逝，如水面之泡沫。人生確實短暫而不確定：此刻所擁有的，下一刻就不見了。人們因為貪欲而倍感挫折，無法滿足。和別人起衝突而導致悲傷。苦一個接著一個而來。一開始是父親死了，接著是母親過世；被敵人攻擊，又被疾病和衰弱打倒。我們就像痲瘋病患一樣，在痲瘋病之餘還飽受其它的疼痛與傷害。

壞苦

上三道就像是一座愉悅的花園，裡頭具足了所有的歡樂，並熱切地尋求五塵的悅樂。五塵在享受的當刻，的確甜美，但沈溺在其中就像是吃進了有毒的食物般。先讓舌頭嚐到甜頭，並在胃裡產生舒服的感覺，但一點一滴地毒性開始發作，痛苦隨之而來，身體徹底地改變，變得衰弱、充滿痛苦，面容黯淡無光；心裡滿是劇苦。就像這般，因夙業與現前因緣所得到的一切喜樂、愉悅，就如同海市蜃樓，瞬間轉成苦。

行苦

「行苦是眼前沒有顯現、隱藏的苦，儲存在心識最底層的阿賴耶裡。行苦也指出我們爲了快樂所做的大多數事情，事實上都是未來痛苦的因。」[38]

從前在一個叫做光耀（Shining）的地方，有個國王名叫具光（Radiant），具光王不能忍受步行到任何地方去，於是命令豢養一頭象供他使用。這頭象馴服於鐵棒之下，到最後馴良地能做任何國王要求的事。國王自言自語道：「我不想再走路了！」於是爬上這頭象的頸部，不理世事地到處走動。但是，佛陀曾教導苦惱是難以調伏的，就像象不受佛法的誓句所降伏，所以當這頭象聞到母象的味道時，內心興奮異常地狂奔起來，牠向前狂奔的速度就彷彿整個大地要翻覆似的。最後，這頭畜生跳進一個坑洞裡，這個國王才勉強保住一命。他的可怕遭遇就是行苦的寫照。

八苦

為此，依業力的不同，眾生完全受到這三種主要的苦所折磨，命運多舛，彷彿誤入歧途、走入一個淒涼的荒野，在那兒生、老、病、死的苦正等候著，成為大苦惱的來源。眾生受著苦，突然遭遇不想要的事物，像是有敵意的敵人。失去所愛之人的陪伴，愛人拋下他們離去。百般想要的東西：財富與資產、同理心的陪伴、影響力、愉悅等，總是得不到。受盡屈辱，他們只想躲起來。而且得承受不情願的辛勞，滿腹悲傷。於是，這八種無情的苦構成人類本具的處境。這是我們得一直面對的。

生

母親的子宮就像是無門的鐵籠，是一個骯髒、腥臭的地方，黏呼呼地像個泥濘的沼澤。緊閉、狹窄且密不透光，沈浸在深深的晦暗中。充滿無明的意識入胎，找到了受精卵做為所依。在懷孕的第一週，胚胎圓滾滾的，像一滴水銀般震動著。在第二週，胚胎拉長，像是一條鼻涕。在第三週中，變成橢圓形，形狀像根手指，在第四週成了蛋形，第五週是圓扁狀，第六週有了魚的形狀，而第七週像是烏龜，有慢慢凸出的頭和四肢。之後，在二十六週內，胎兒經過了許多變化。一開始，是個醜陋、如蟲般的東西，形成了五根（眼睛等）[39]的基礎，四肢有了較小的末稍，如指頭。五個主要器官開始成形：心、肝、脾、肺、和腎，同時六個容器般的器官：胃、大腸、小腸、膽、膀胱、和卵巢或睪丸，也形成了。動脈、靜脈、風息、和明點顯現，還有血液、淋巴、和毛髮，逐漸長出直到完全成形。到第三十七週，胎兒變強，開始透過臍帶吸收母親吃、喝物質的養分。當胎兒長得夠大時，就會開始胎動，對母親造成一些不適。這時，胎兒也開始感到不舒服，被困在又黑又臭的狹小地方，也會因為母親的動作而受苦。當母親飢餓時，胎兒覺得好像要掉進深淵似的；當母親口渴時，胎兒覺得整個身體要枯乾般。當母親暖和時，比如走到豔陽下，胎兒就覺得要被烤焦了；當母親冷時，胎兒覺得好似在冰中凍結了。倘若母親吃了一頓大餐，胎兒就覺得要被一座大山壓扁了；當母親走動時，胎兒覺得就像被扔下了斷崖。不管母親做什麼，吃或喝，胎兒都得承受無盡的痛苦。滿八個月又二十六天之後，分娩的時間到了。胎兒因為業力風息的緣故，頭倒轉過來，被擠壓著通過母親的骨盆，感覺好像是在眾合地獄中兩山相撞之間被碾碎般。那時不管母親或嬰兒，或雙方，都失去他們的性命，或至少是快沒命似的。這是出生的劇苦。

當嬰兒從子宮冒出時，被一層黏液、難聞的物質包裹著。當他滑進產墊時，嚇壞了，感覺彷彿是掉進了荊棘坑裡。當黏液從皮膚上被洗淨時，嬰兒覺得酷似被活剝了一層皮；當清洗他頭皮的柔軟部位並塗上油時，他覺得好像從細嫩的皮膚上爆出了傷口；這些痛苦抹滅了在子宮中的生命記憶，使嬰兒幾乎失去意識。嬰孩苦不堪言，因為所有的接觸都是驚駭且疼痛；他因自己的髒污而受苦，或因生病、寒、熱、飢、渴而難受。且自始至終，嬰孩都沒辦法告訴任何人他所遭受到的這一切。

老

年輕時的玫瑰色澤，青春肉體的優雅和美麗，因恐怖的年老大患而凋蔽、枯萎。年老終將到來，那時你會因為悲慘地倚賴他人而苦惱，成為被輕視與嘲弄的對象，甚至沒力氣處理生理的需求。你會沒辦法自行移動而必須蹣跚地倚靠枴杖。任何時候要移動，哪怕只是起身、坐下、或是從某個地方走到另一個地方，你的關節就會扭到而跌倒。你的身體機能衰退；視力和聽力都減弱，舌頭變厚而不聽使喚。對美麗事物的歡喜、五根的享受、和異性作伴等等，都不再顯得愉快。即便你仍受到這些事物的吸引，心識卻麻木、包覆，猶如雲層後面太陽的光和熱。一切喜悅都揮發了。你的身體開始失去暖熱與力氣；難以消化食物與飲料，過熱或太冷都讓你受不了。雖然臥床，你的心還是想這想那、到處晃盪，你會迷糊到某個程度而難以分辨白天或黑夜。你會沒辦法認出其他人，甚至連自己都不記得。這是為何尊敬與照顧老人是如此重要、有福德的原因。偉大的鄔金上師*曾說：「不要讓老年人傷心；要

---

* 指蓮花生大士。

慇勤地對待他們。」

病

因為眾生的身體是由四大（地、水、火、風）所組成，健康在本頌中被比喻為一個清澈的池子，由風、膽、痰的特性來保持均衡。當池子被擾動而混濁時，病苦就出現了。因為生病而痛苦、筋疲力盡的人們，事實上不過是五蘊[40]的聚合物而已，但內心卻騷亂、驚嚇，生怕因苦惱而死去。

死

生命是如此珍貴，世上的一切財富都不能換取生命。但無人能躲過死亡的痛苦。當死期到來時，你躺在臨終病床前，必須和親友、財富、及資產分離，就像是從牛油中抽出的一根毛髮，得獨自前往未知的處境。如同《大王迦膩色迦書》（*Maharajakanishka-lekha*，譯注：乃西元二世紀半的中印度佛教學者尊者摩咥里制吒所造，在宗喀巴大師的《菩提道次第廣論》中，譯為《迦尼迦書》）中所說：

「死主引去時，當知除善惡，餘眾生皆返，無一隨汝去，故應修妙行。」

怨憎會

當不想要的境界現起時，譬如遇到仇敵、惡魔、或其它障礙時，人們就會沮喪，因為對痛苦的預期而受苦。這就像是疲憊的挑夫找到一個地方，得以卸下重擔休息，但這個休息的地方卻塌陷而使他們的身體扭傷、甚至受傷了。這說明了不可能找到所謂永久緩解這種東西。我們永遠都處在強烈、持續辛勞的威脅下。

愛別離

當一起度過溫暖、情愛關係的人們被迫分離時，他們經歷了劇烈的情感痛楚，一心只想著他們伴侶的容顏和性情。若是曾經有過、目睹這種痛苦，是多麼難過啊！這一切可用諾千（Norchen）國王的兒子諾桑王子（Prince Norzang）的故事來加以說明。諾桑王子為了所愛的一位美麗仙女（譯注：雲卓仙女）踏上了危險的旅程，歷經充滿凶猛野獸與邪惡鬼魅的可怕之地。這樣的業緣歷久不衰，得永無止境地一再重現。

求不得

許多人費盡千辛萬苦，只為了得到想要的東西。但這一切都徒勞無功：他們嚐盡了失落。沒有財富，他們變得貧窮、飽受飢渴。他們試遍一切，但還是難逃絕望的處境。

五蘊熾盛

希望和恐懼讓人們成為日常工作與各種其它惡業的奴隸*。人們疲憊不堪，持續受苦，修行佛法最佳基礎的身、語，都筋疲力盡。有錢人從不覺得他們已經擁有足夠的錢財，被貪求更多折磨著。他們只想滋養自己的身體，不停地佔有、沒有閒暇與悠閒，無異於東奔西跑的餓鬼。

集諦

色蘊非實存，但卻被感知為一個身體，執著此身為實。這是痛苦經驗、受蘊的基礎，藉此身體被認為就是這個樣子。想蘊認知了對痛苦的排拒，生起想要去除痛苦的欲望，我們就此被困在行為裡。行蘊倍增了往後痛苦的種子或因。最後，識蘊佔用了痛苦，將痛苦當作自己，生起了這樣的想法：「我正在受苦。」這五蘊與無明共存，是一切痛苦的來源與基礎**。五蘊是痛苦產生的容器，因為五蘊保存了苦的種子並使苦果成熟。五蘊也是未來蘊處的因，過去蘊處的果，和現在痛苦的體驗者。了解五蘊為何是很重要的，繼而對我們的處境感到疲

* 在很多情況下，日常工作看來是涉及了不誠實與剝削。

** 參見附錄四。「只要五蘊持續存在，痛苦的相續就不會斷。」（《功德海》卷一，三五四頁）

厭，並捨棄輪迴悲苦根源的惡行和煩惱。*

滅諦與道諦

聲聞與緣覺是「駕馭四聖諦的車乘」，為中士夫。他們捨去了執著於「我」、「我的」的無明，這正是痛苦的根本與起源[41]。但他們並不會努力為他人謀福。他們修學的是解脫道，證得了滅諦、窮盡「一切的見道與修道」**。他們證得了本初智，了知一切苦皆被降伏而永不再生起。他們超越痛苦而進入涅槃，不管是有餘涅槃或是無餘涅槃[42]，因此證得了無染的殊勝解脫。

「聲聞與緣覺依其傳承，相信只要依循其修道，就可以證得阿羅漢果位，進入滅諦界中，永遠常住其中。但是大乘的法教表示，當聲聞、緣覺住於和其福、慧二資糧相等的滅諦期間之後，會投生在淨土（如極樂世界）的蓮花胚胎中。但由於對無知的根深蒂固習氣與微細的所知障[43]，他們會一直待在含苞的蓮花中七年之久。之後，因統轄淨土諸佛的悲心，蓮花將綻放，聲聞與緣覺就會出定。他們會喜悅地信奉大乘，並透過禪修在那一生中證得佛果。」[44]

---

* 「這必須透過斷除一切的我執來達成。」（《功德海》卷一，三五四頁）

** 亦即見道與修道的智慧，參見第六章。

在《妙法蓮華經》（*Saddharmapundarika-sutra*）中說道：

「阿羅漢聲聞，住於智慧身入定，直至諸佛喚而起，

遂取諸相，喜爲眾生而作，積聚福慧，證得覺醒之佛果。」

在《楞伽經》（*Lankavatara-sutra*）中對這點也持相同的看法。

緣起的十二因緣[45]

緣起法以五綱目來解說：即法教的必要性、每一因緣的定義、四種闡釋法、每一流轉所需的投生次數、以及緣起法的禪修法門。

十二因緣法的必要

了解因緣法——即輪迴與涅槃的一切現象皆是如幻的顯現，因緣互倚而現起——的人，會離於一切邪見，終會證得離苦的境界。

在佛經中說道：

「此有故彼有，此生故彼生，謂緣無明有行，乃至生老病死、憂悲惱苦集。」

（譯注：見《雜阿含經》卷十〈二六二經〉）

「此有故彼有」這句的意思，指一切現象是從既存之因現起，這和相信現象無因的順世派（Charvakas，譯注：古印度的外道之一，是主張沒有來世、沒有業果的斷見派）見相反。「此生故彼生」強調因也是從其它因緣而生，因此否定了永存之因的見。最後，「謂緣無明有行，乃至生老病死、憂悲惱苦集」這句，否定了世界的顯現源自於神聖造物主[46]預先擘畫的理論。

十二因緣法的定義

（一）無明：這指的是四聖諦、業報等提及的無明本性，由於無明對自我有了錯誤的認知。

（二）行：由於相信並執著「我」的概念，眾生積聚了三種業行：「福德同分」的善業、惡業、以及使眾生投生在較高天界的不動搖業。

（三）識：受到業的驅使而開始新的一生，識有兩方面：首先，是「因分」的識，換言之，是造作業當下的識。其次，是「果分」的識，即經歷業之業果的識。

（四）名色：這指的是識入胎後，五蘊逐漸形成。受、想、行、識這四蘊放在一起稱做「名」，於此再加上色蘊。

（五）六入：這是色、聲、香、味、觸五塵，於此再加上法塵。

（六）觸：這是外境與內識透過五根的運作而相遇合，藉以察覺現象。

（七）受：愉悅、不悅、或中性的感受，由所遇到的對境而現起。

（八）愛：隨受而來，這是想要經歷愉悅的事物，並避免不悅的事物。

（九）取：這是當愛現起後，想要抓住所欲對境的衝動。

（十）有：由於愛和取，現起了後境，業的無誤果報就完成了。

（十一）生：由於業，生出現在某一道之中。

（十二）老死：老的期間是整個生命的過程，從一出生就開始了。當老結束後，死就出現了。年老和死亡在此放在一起成為同一因緣，然而有些眾生在變老之前就死去，所以這兩個階段並不一定都會顯現。痛苦是多面的，包含了不想要之事所產生的心理悲傷與哀慟，也包括身體疾病、沮喪、爭吵和衝突所引發的焦躁等。但並非每個人都會發生這些狀況，為此，苦就沒有單獨成立為一個因緣。但為了我們可能經歷與悲苦相關的憂傷，而這些悲苦是輪迴生命的一部份與一環，因此苦就被放入老死這個條目底下來討論。

緣起法的四種闡釋

緣起法讓我們了解過去、現在、和未來，於是十二因緣被呈現為一個流轉。無明和行的因緣與前世有關，而生與老死和來世有關，中間的八個因緣則與現世有關。因此這個法教揭顯了過去世、這一生、和來世的互倚。

十二因緣也可用染污、業、和苦的三「道」來呈現。第一、第八、以及第九因緣（無明、愛、取）與染污有關；第二和第十（行、有）和業有關；其餘的因緣，亦即第三、第四、第五、第六、第七、第十一、和第十二（識、名色、六入、觸、受、生、老死）與苦有關。所以，有三個因緣組成了染污道、兩個因緣形成了業道、和七個因緣說明了苦道。

其次，緣起的十二因緣也可用因果業報的法則，亦即導致生的業來闡釋。在因分上，有兩個因緣與業有關（第二、第十：行、有），三個因緣和煩惱有關（第一、第八、第九：無明、愛、取），這五個因緣可加上識的因分，組成了與因有關的六個因緣。在果分上，有六個因緣與苦有關：名色、六入、觸、受、生、和老死。這六個可再加上識的果分，一共是七個因緣與果相關。把識當成一個獨立因緣是有可能的，這時就歸屬於因，於是和因有關、和果有關的兩組，各有六項因緣。當然，既然每個因緣都為下一個鋪路，每個因緣也就同時具備了因分和果分。但就目前的情況而論，十二因緣被分成因、果兩組，是和生命的產生有關。

最後，十二因緣也可從「能引／所引」和「能作／所作」的角度來思考。被無明與我執所引發的行，產生了締造下一生衝動的業。所以無明、行是「能引」，在此可再加上識的因分。相對地，識的果分與接下來的四個因緣：名色、六入、觸、和受，構成了「所引」，也就是業所引動的東西。除此之外，三個因緣：愛、取、和有，是所謂下一生的「能作」，而生、老死這兩個因緣，就是「所作」。因此，有兩個能引的因緣、五個所引的因緣、三個能作的因緣、和兩個所作的因緣。

每一流轉的投生次數

十二因緣的一個流轉，由一個引業發動到完成，最長的時間是三世。從這個角度看來，兩個能引（無明、行）出現在一生中；三個能作（愛、取、有）顯現在第二世中；五個所引的因緣（識、名色、六入、觸、受）以及兩個所作的因緣（生、老死）則出現在第三世中*。

在每一生當中，由於無明積聚了業——引發了下一生。所以無明標示出十二因緣每一流轉的開頭，換句話說，無明、行，出現在過去的某一生中，引發這一生中目前正在經歷的識、名色、六入、觸、和受等五個因緣，形成了這一流轉的中間部份。同樣地，前一世的三個能作（愛、取、有）被更前面的前世所引發，帶來了這一生中所作的事物，亦即生、老死。最後這兩項將十二因緣的一個完整流轉劃下句點。這就是生命之輪如何從無始以來一直滾動至今的情形。

至於最短，也需要兩世的時間來開展十二因緣的整個流轉。能引（無明、行）積聚了業，加上能作（愛、取）的協助與煽風點火，將無誤地帶來下一生，與有相關的過程。這些因緣，加上識的因分，總共有六個因緣會出現在同一生中。由於這些因緣，會出現進入下一

* 這三世必須是不連續的。

世的生，逐漸完成了名色、六入、觸、和受的四個因緣，最後由死作結。這就是六個在另一生中完成的果因緣。

現在，即使有一個引業被累積了，倘若在死亡時，這個引業沒有被愛和取所滋養，就不會出現下一生。因為必須要有能引、能作的因緣同時在同一生中出現，才會產生下一生。而且，由於「所作」因緣只在生與死的情境下顯現，所以顯然所引與所作的因緣也必須同時出現。但是，事實上（同一流轉十二因緣的）能引因緣與能作因緣有可能分散在許多世裡，而能作因緣與所作因緣卻不可能分散在許多世。有人會認為這就違反了十二因緣發生在三世之中的原則，但並非如此，因為插入在同一流轉能引和能作之間的那幾世，也屬於另一流轉的十二因緣。所以，這就是緣起法根據一個引業引發一生說法所闡釋的道理。一個流轉必須在兩世或三世之內完成，沒有例外[47]。成功檢視緣起法，將會對輪迴根源是愛與取的事實有深刻了解，也正是由於愛與取（因為愛、取是真正的起源）才會一直經歷痛苦。事實上，如果愛與取被摧毀，即使業還存留著，也不會再有接踵而來的生。某些阿羅漢所觀察到的，就是這種情況[48]。

如何觀修緣起法

有兩種禪修十二因緣的方法，每一種都涉及順行和逆行的方向（譯註：順觀及逆觀）。

第一種方法的順行順序，與引發輪迴出生的過程有關，而逆行順序則顯示這個過程如何被遏止。第二種方法的順行方向，描述了從無明開始綿延不絕的輪迴生、滅，而逆行順序也同樣描繪了輪迴的生、滅，但這回是從老死開始、向後倒轉。

至於第一種方法，在順行順序中，我們想到的是無明緣行、行緣識等等。或者，同樣的結果，我們可以認為生緣老死、有緣生等等。另一方面，逆行順序必須思惟的，是由於止息了無明，就止息了行；藉著止息行，就止息了識。同樣地，我們也可以思惟藉由止息生，來止息老死；藉由止息有，來止息生，以此類推。

相對地，第二種方式順行順序的禪修方式，是由於無明緣行，所以藉由止息無明，來止息行；由於行緣識，因此遏止了行，也就遏止了識。而第二種方式的逆行順序，其構成是想到老死來自生，因此止息了生，也就止息了老死；生來自於有，所以藉由止息了有，生就被遏止了。

第二種方式的順行與逆行順序，可用來做為了解四聖諦的法門，如無著在《大乘阿毗達磨集論》中所闡述的。假如我們應用引發生的順行順序，就會了解集諦，而應用導致生的逆行順序，就能建立苦諦。同樣地，引發止息生的順行與逆行順序，顯示了道諦與滅諦。

舉例來說，集諦是煩惱，其根本是無明。由於無明，行累積了業。因此，十二因緣的第一因緣，指的是由業與煩惱這兩個因素開始的起源。在智慧的幫助之下，無明緣起了行，而行緣識等等，就此抓住了集諦（煩惱）。另一方面，輪迴中一切痛苦的極致是老死，是由生所產生的。因此應用逆行順序，就能了解苦惱的果報，也就是苦諦。

透過了悟無我的智慧（這是道諦的精髓），集諦的根本，即無明，就被滅除了。藉由無明的止息，也就止息了行等等，一直到老死。因此，慢慢導向生之止息的順行順序，揭顯了道諦，這就是解脫的來源。最後，我們想要從中解脫的輪迴最大悲傷，就是生和死，這兩者的止息就是滅諦。所以，藉由止息生，老死也就止息了，往後直到行的止息，無明也就被止息了。透過這種方式的思惟，顯示了圓滿的果報，就是滅諦。

仔細思惟這一切，將揭顯輪迴痛苦之壓倒性沈苛的根本，就是無明，亦即相信自我的實存。相反地，我們會了解了悟無我實相的智慧，是一切真實修道的根本。我們必須努力獲得對這一點的確信，然而，這種確信是甚深思惟的結果，遠非對法教的尋常閱讀、甚或仔細推敲可得。勝者甚深與真實法語的全部寶庫中，緣起法是箇中關鍵[49]。

緣起法說明了無明是輪迴的根本，而無我智慧是涅槃的根本。無明緣起了行，也就是三種業：善業、惡業、和不動搖業，將眾生推入輪迴的狀態中。從這些業產生了識，因為識，就有了名色，從名色發展出六入，六入接著帶來了觸，也就是客體、五根、和五識的遇合，如眼睛感知一個物體等等。由於觸，就經驗了三種受：愉悅、不悅、和中性的任何之一。由受帶來了愛：想要經驗愉悅而離於不想要的事物。愛產生了取*，這生起了取的果報——有（亦即五蘊）。因為有，下一世的生就出現了。一旦出生後，眾生往往無法得到所想要的事物而受苦。因為四大不調，便生病，還一直越變越老，直到死亡而失去生命，於是產生了強烈、巨大的苦。

藉由止息投生的連續過程，止息了視生為輪迴的實存現象，就能去除一切的苦。因果的甚深法則顯現為緣起之鏈，對那些自外於佛法的人來說，是非常難以揣想的。這是實語者佛陀最珍貴的法教，這是需要倍極珍惜的事物。

* 「愛（sred pa）是間接的因，而取（len pa）是直接的因。愛指的是最平常的欲望，取則是對某一特定客體的佔有欲。」（《功德海》卷一，三七二頁）

緣起性空

聲聞、緣覺對緣起的理解，在對無我的掌握上，實際上和大乘的修行者頗為相似。但對聲聞、緣覺來說，只限於對人無我的了解。他們知道存在之因，是相信易壞五蘊的集合體形成了一個自我，而造作了業；這些業現起了輪迴的上三道或下三道，伴隨著這些道的苦、樂。就因果的角度來說，有益的解脫同分指的是道諦與滅諦。同樣地，從因果的角度看來，因為煩惱生起的惡業，指的就是集諦和苦諦[50]。

勝義諦離於一切的分別，就四聖諦所包含的現象來說*，離於一切的取、捨。勝義諦超越了心與心所，超越和合與非和合的二元；也超越了輪迴的邊見與涅槃的寂靜。勝義諦是無生、現象的究竟本性，永遠離於一切心的造作。只能透過遍知、超越心的智慧來證得。

* 參見附錄三。

註釋

31加行道的修行者，會經歷四個階段，而趨近見道，這四個階段分別是：煖、頂、忍和世第一，除非證得「頂」，否則修行者還是會容易造惡。這在第六章中會詳細討論。

32參見《功德海》卷一，二九六頁。

33悲傷（skyo ba，或譯厭離）在此論中被認為是一種善德，其重要性在於能生起出離心，想要、實際上是決心脫離輪迴。

34在《普賢上師言教》中也提到這個有名的故事，描述有一次當迦旃延尊者看到一個男人把他的孩子抱在膝上，這個男人正在吃魚，為了驅趕咬食剩菜的狗，他拿了塊石頭砸狗。由於禪修附帶得到的神通力，迦旃延知道這個嬰孩是那個男人不共戴天的仇人轉世，而他的父母墮入了下三道中，由於業緣的牽引，仍出現在他的面前。因此他所吃的魚，是他父親的轉世，而那條狗是他的母親——無明地啃咬她前世丈夫的骨頭！

35「還有那些捨棄法教、謗法的眾生。」（頂果．欽哲仁波切註）

36「人間的五十年等於四天王天的一日，四天王天的五百年相當於等活地獄的一日，而等活地獄眾生的壽量是五百歲。（譯注：等活地獄的一日，相當於人間的九百萬年，等活地獄眾生的壽量是人間的一萬六千兩百億年）不同地獄的壽量倍增，到極熱地獄的壽量為半個中劫，而無間地獄是整個中劫的時間。（《功德海》卷一，三一一頁）（譯注：第二黑繩地獄的壽量一千歲，以忉利天的一千年為一日，一日相當於人間的三億六千萬年，總壽量為人間的一百二十九萬六千億年；至第六炎熱地獄是等活地獄的六次方、三十二倍，壽量一萬六千歲，以他化自在天的一萬六千年為一日，等於人間的九百二十一億六千萬年，總壽量為五十三兆八百四十一萬六千億年。極熱地獄壽量為半中劫，以梵眾天的半劫為一日；無間地獄的壽量為一中劫，以梵輔天的一劫為一日，總壽量都難以計數。）

37 這點的例子請參見巴楚仁波切的《普賢上師言教》，七十頁以後。

38 參見《功德海》卷一，三三五頁。

39 這段時間是五根開始發展的時期，胚胎開始感受到不適。

40 「病苦以色蘊顯現，受蘊感受到病苦，想蘊認知其為痛苦，行蘊製造了更進一步的同樣痛苦，識蘊則覺察到整個過程。」（《功德海》卷一，三四三頁）

41 「聲聞與緣覺明白一切存在（器世間與有情）都猶如海市蜃樓的迴光、閃電的一瞬、火炬在空中迴旋時的光焰等。這一切在本性上是不斷變動、逐漸消逝、與痛苦的。聲聞與緣覺也了知這些『苦』本身與自我是不相隨的，因而根除了錯誤感知的無明，他們斬斷了業與煩惱的相續，證得超越諸苦的境界，在內在則端賴了悟無我的智慧，即修道的實諦。在《勸誡王頌》中說道：

『無由集愛起，託身眾苦生，除斯證解脫，八聖道宜行。』

以此種方式，修學此乘而抵達目的地者，藉由知（苦）、捨（集）、證（滅）、和行（道），行者修持並在小乘的五道上漸次前進。這種漸進的修道，也出現在大乘中，了解漸道是很重要的。世親曾教導我們要將心念繫於別解脫戒，聽聞、學習共法教與無我的不共法教，並以此禪修直至獲得深信。到最後，我們必須破二十種認定易壞五蘊為『我』的邪見，好好思惟龍樹菩薩《勸誡王頌》中的道理：

『說色不是我，我非有於色，色我非更在，知餘四蘊空。』

堅定深信於此，聲聞與緣覺奉行八正道：包括正見，離於煩惱的無垢智；正命，捨棄一切營生的邪行；正精進，四種真正的克制；正念，不忘念住的所緣與相關的憶持，換言之，是四念住；正定，四禪定，是正道的基礎；正語，四種善的語業；正業，斷除身的三種惡行（譯注：即殺、盜、淫）；正思惟，心的善境，如善念等……。

證得解脫只有仰仗個人的精進，在《勸誡王頌》中龍樹菩薩說道：

『解脫終依己，不由他伴成，勤修聞戒定，四真諦便生。』（《功德海》卷一，三五八頁）

42 有餘涅槃出現於行者在世時證得的滅諦，此生的五蘊（有餘）仍持續存在著，直到造成此生之業的種子耗盡為止，那時，這位阿羅漢就往生，此時就現起了無餘涅槃，一切的業都窮盡了，不淨的心相續也終結了。

43 參見堪千•昆桑•佩滇所著的《智慧：二釋論》，六十七頁，提及：「聲聞也自己承認，有一種無煩惱的無明，阻礙他們了知事物在時空中的變遷。此外，他們尚未證得法無我，而執著於『捨輪迴、證涅槃』這類的概念。」

44 參見《功德海》卷一，三六二頁。

45 緣起法（rten'brel bcu gnyis），也稱為互倚法，是佛陀法教中最重要與最甚深的法教之一。描述了十二個因，互倚地相連著，並以一流轉的形式旋繞著，沒有開始或結束。無明被擺在開頭，並不表示無明永遠都是最初的因。不過，無明是主因，與愛、取一起作用。倘若消除了無明，整個流轉就中斷了。緣起的十二因緣並非以嚴格的時間順序來暗示因果關係。舉例來說，植物的產量，主要的因素是種子，但有許多其它的緣，如土壤、濕度、和溫度，也必須一起出現、並存。同樣地，在這個流轉中的某些因緣，必須（順時）並存。有很多解說十二因緣法的傳統方法，同時出自小乘的觀點，如佛音（Buddhaghosha，另譯覺音）的《清淨道論》（*Visuddhimagga*）或《除癡迷論》（*Sammohavinodani*），以及大乘觀點，如無著的《大乘阿毗達磨集論》（*Abhidharmasamuccaya*，譯注：*Mahāyānābhidharma-samuccaya*）。在此僅是對甚深與艱澀主題的提綱挈領而已。

46 換言之，佛教否認以聖經角度而言的造物主存在，也否認亞里斯多德哲學中不動的動者說法。事實上，相信造物主或第一因，係由對現象本質不正確的了解所生。有關這個論題的更詳盡論述，參見堪千・昆桑・沛滇的《智慧：二釋論》，一〇五—一一六頁。

47 米滂仁波切解釋道：「在一個行為完成的剎那（bya ba rdzogs pa'i skad cig），感知到十二因緣的開展是有可能的。以殺生為例，這是因為無明，吾人才涉入殺生的行為。行就是這個行為本身。識是在殺生當下的覺知。名色和六入是在使用武器之類產生觸的那一刻。受是經驗到自己的滿意和對方的痛苦。愛表示想要涉入前述的滿意與痛苦。這引發取，即在未來對同樣行徑的熱衷。有指的是整個行為過程的五蘊，這導致現在與未來對此經驗的生，依序經過一段時間的改變（老）與結束（死）。」（《智者入門》，五十二—五十三頁）

48 參見堪千・昆桑・沛滇對目犍連與小窟毗迦（Kubja the Small）的註解，《智慧：二釋論》第六十六頁。

49 「事實上，從聲聞乘到大圓滿的全部法教，說的只有同一個法義，就是緣起。不管在任何時候，這個意義都是相同的，唯一差別只在於如何對眾生傳授與解說而已。」（頂果・欽哲仁波切）

50 「聲聞、緣覺對擇取道諦、滅諦與捨棄苦諦、集諦有著強烈的分別心。在從事根除輪迴之根的無明時，聲聞、緣覺並無法完全了悟緣起的本性。在《迦葉請問經》（*Kashyapa-paripriccha-sutra*）中說：『他們所悟之空性，猶如蟲於芥子所咬之洞。』因此小乘僅是大乘修道的輔助。勝義果超越一切分別，即超越了因果業報相關的取、捨，後者是下根器者的假立。勝義果超越了心、心識、和其對境，這三者標示了如此假立。勝義果是不住輪迴或寂滅的涅槃，所以要證得的主要目標就是勝義諦、現象的究竟本性。當妙觀察智直接且完全了解現象的本初「無生」時，果就顯現，現象是造作地被聲稱或具體化為四諦，換言之，緣起的十二個鏈，當了悟其究竟本性時，就超越了存在。妙觀察智是以超越了智識的方式來了解這點的，此時一切主、客的概念都消融了。現象到底是怎樣不存在的？是透過緣起非實存來產生，苦本身也非實存。在《中論》（*Mulamadhyamika-karika*）中說道：『不從緣生者，何處當有苦。無常即苦義，彼苦無自體。』既然果未現，就不會有因（生果）。在《中論》（第二十四品第二十二偈）言：『若苦有定性，何故從集生？』認定任何具自性（定性）事物有寂滅的可能性，是不合邏輯的。『苦若有定性，則不應有滅。』（第二十四品第二十三偈）因為被捨棄的事物與其對治不能相合，故不會有修道，所謂：『若去、來相遇，剎那有二際；若此二同時，一劫同剎那。』即使是四諦也無自性。在《楞伽經》（*Lankavatara-sutra*）中說道：『無生唯實義，四諦猶童語；住於等覺者，無一何言四？』（譯注：查證漢譯《大乘入楞伽經》的十卷經文，並無類似的文句，有時佛經的漢譯與藏譯版本，內容並不相同）由緣起所生的現象，僅是我們的錯誤認知，除此無他。現象的本質是全然清淨的（空性），了知這一點，執著於現象、喜愛某些現象而厭惡另一些現象，是一種錯誤。」（《功德海》卷一，三七六頁）

上士殊勝道：觀修二種菩提心

第五章：前行——四輪

修行之必備

踏上大乘修道之人、邁向遍知之殊勝道上士夫，應該要試著得到四種境。一、他們必須住在寂靜、因緣具全且如法之處；二、他們必須時常親近博通三藏且嫻熟三學修行的上師，如此一來，他們才可避免凡夫的劣心與導致痛苦的惡行，且能獲得由教法與證法所生的一切善德；此外，三、他們還必須增長想要依上師所傳法教而修行的強烈願心；四、他們應熱切擇取殊勝救護，這是因過去生與現世所累積的福德所致。尊貴的龍樹菩薩曾指出這四種境是「四輪」，意思是，一如駕著（馬匹所拉）四輪馬車的人，能在短時間內抵達公牛或母牛要花上好幾天路程的所在，一位菩薩利用這四種境，便能快速朝證悟前進。龍樹菩薩在他的《勸誡王頌》中提到：

「生中依善友，及發於正願，
先身爲福業，『四大輪』全獲。」

（譯注：此為唐義淨法師的譯本，但此偈頌中少了「寂靜處」這一輪，英譯為「所住宜其業，聖者常為伴，發大願積福，實為四輪俱。」意思較為完整）

僻靜處

住在人群之中，譬如住在城鎮裡，甚或是住在僻靜處，但卻繼續造作惡業並忽略聞思，是許多過患的根源。這樣的住居就像是有毒的食物，即便暫時是快樂的，你的快樂也會變質；你會被困在人我的好惡當中，你會涉入爭端，並因為農作、交易、娛樂、名利、群眾等事物而放逸。你會累積資產，接著就想要照料、增加這些資產。你會收到敬重你的人們所送的禮物，還有請求為往生者修法所做的供養。*你必須避免這類毀害的環境，而住在僻靜處，渴求通達離苦的平靜修道。你寧可像風一般，毫不在意財富與名聲；像鳥一樣，不求土地與生計；像野獸般，住在荒山中的野地。能住在這般完美的僻靜處，不受隨意散亂與不如法行為的干擾，真是幸運，你絕對可以真誠地隨喜這種住處。另一方面，假如你讓自己住在某個地方，例如，住在一個村子裡，甚至是一座寺院裡，你待在那兒的所有時間中，都不可避免地與人們混在一起、有了對親人與朋友的各種承諾。倘若你很有名、具有影響力，就會成為

---

* 這些陳述雖然一般人皆適用，但在此主要是針對出家僧人與瑜伽士而說。

被嫉妒的對象，即便你一時之間應付得了，到最後也將耗盡你的耐心與決心。

想想看貓的本性，貓的心思是難測、殘酷的，貓會有殺生之類的惡毒行為。但外表上，貓卻顯出一副最祥和、最善良動物的樣子。不管牠走動或端坐時，你都很難注意到牠。貓的叫聲是這麼溫柔，你壓根想不到牠有爪子。但當貓一看到鳥或老鼠時，就會全力撲上去。因此，你得留意所結交的人。惡友一開始看起來是和藹可親的伙伴——如此體貼、慷慨。但長久以往，他們就會危害對他們沒有戒心之初學者的修行，初學者的悲心脆弱不堪，和這種惡友愉快、討喜的相處，很快就會讓初學者離開神聖的佛法。

佛法的修行者當然得友善、隨和地對待每個人——如同日、月一般，這是拜他們穩定、持續的行持所賜，所到之處人人皆讚賞。為了財富等事而爭吵，是由於經常待在同一地方的緣故；另一方面，假如你一認識人、一跟人們熟悉就馬上離去，你會發現不管你到哪兒，都沒有爭吵的理由，而且每個人都會把你當成朋友。

有時候上師看起來氣沖沖地講話，或說出貪執的話，有時似乎還喜歡與念頭不受控制、心思散漫的凡夫閒聊。但對這類上師來說，他們完全控制了心念，看待善與惡的情境皆是一味。不管他們說什麼，尖銳或甜美，他們都保持著離於愛憎的狀態。他們的心不會被其言語所纏住，言語就僅是如迴音般發出聲響；他們完全超越了所有取捨的感知。他們無偏私地為了一切眾生的福祉而努力。像這樣的上師，任何適當住處的說法都不適用於他們，他們可以隨遇而安。相反地，假如你想持守徹底的清淨戒律以臻至圓滿涅槃，並讓自己一心安住在真實三摩地中，假如你的三學修行尚未穩固，就得十分小心。假如你能待在僻靜處並有良伴，你的三學修行就會結出豐碩的果實。假如你待在人群之中且有惡伴，其結果就不甚了了。

正業

我們的導師、佛陀，為了讓他的弟子在社會地位、外觀和財富等方面調伏慢心，立下了化緣的規範。若以前、中、後的三淨行[51]來行布施的話，施主就生起福德。此外，化緣也降低了佛法修行者對世俗的參與，因為他們有了衣食所需的一切，不必孜孜矻矻地經商或務農。因此，他們的三學修行就不會衰減，以這種方式來化緣（在這種情況下，行者和施主兩者皆有福德）是如法的，就像一個如意寶般。

在尋求資財的諸多不淨行當中，法教曾提及五種是最不恰當的。首先，有一種間接的盜取，由裝窮所造成，事實上你隱藏了資產。第二種，透過刻意讚揚往昔他人的布施來讓某人給你一些東西，或藉略施小惠而期望獲得更大的回報。第三種是用諂媚或迂迴指稱自己是好人，來哄騙別人給你東西。第四種是假裝自己是個偉大的佛法修行者，事實上你卻是個可悲的丟臉傢伙。最後一種，是誇耀你的地位、家世來試圖確保豐厚的供給。這是五種確保生計的不正確行為。對任何想要邁向解脫的人來說，這些是極不可取的。

關於飲食，在《楞伽經》中說道：

「爲了利益之故而殺生，與給錢而取肉，皆是惡行，將導致在叫喚地獄或其它地獄中被烹煮。」

且言：

「因無三淨肉，故我斷除食肉。」[52]

為此，我們應該斷除食肉。假如你真要吃肉，你應該覺得對那隻死去的動物有責任，並以悲心為其念誦陀羅尼、咒語和迴向的祈願文。

所以你應該待在僻靜處，坐在吉祥草墊上[53]，依賴化緣維生，這是最好的生計。你應該和行為有益的善友為伍。假如你以信心、敬意致力於此，並精進地修學止、觀的竅門，你的智慧將會越來越敏銳，你想要堅持修行的決心也會被喚起。

依止上師

為了增長未有的三學功德，並使已具的功德完備，依止一位精通三學要旨的全然具德上師是不可或缺的。據說當一株普通的樹，恰巧長在藥草大園林瑪拉亞（Malaya）的森林中時，它就會浸潤了檀香樹葉的水氣，慢慢地吸收了檀香樹的香氣。就像這樣，如果你能夠常常親近上師，也會很快獲得後者的功德。

具德上師

隨著時間消逝，在法教的現果時期[54]，具清淨心的弟子能毫無困難地值遇偉大的上師與成就者，後者能示現佛經與密續上所說的一切具德徵兆。但在當前的末法時期，要遇到這樣的上師是極為困難的。不過，重要的是依止內心猶如美好大地般的上師，他們既能如經典所述、勤耕三戒的戒規，也勤守無過失之行，不被煩惱所染*。這些上師的心地，必須浸潤了神聖經、論的字義智慧，經、論即是這些上師自身解脫的根源；且必須對所有生命滿懷大悲心與慈愛關照。他們還必須精通三藏、四部密續的各種儀軌與修法，並有所收穫；在修行上，

* 這是對藏文dgag dgos tshang ba一詞的自由迻譯，有關完整的解說，參見第九章。（譯注：dgag dgos tshang ba一詞，字義是「破需完備」，指必須遮破的煩惱與所需具備的德行皆完全行持）

不僅是口惠而已，而能深入精髓；並有源源不絕的無染智慧，源自斷除二障與證得解脫的一切功德。為此，燦爛的花朵將會盛開：能以四種方式攝受踏上解脫道的有緣弟子（譯注：指能行四攝，布施、愛語、利生、同事）後者就像蜜蜂般到來、品嚐教言的精華甘露。這四種方式是：一、完全離貪的布施；二、能調柔弟子心性的教導方式；三、引導弟子修行以獲致解脫的能力；四、所宣說之事，上師皆能身體力行。

佛陀在《大法鼓經》（*Mahabheri-sutra*）中說道：

「阿難，勿悲！阿難，勿泣！吾將於未來以汝之善知識出世，以利益汝與其他眾生之故。」

因此我們應該要知道，一位真正的上師就是佛陀再世。

無垢友尊者曾言，宣說密咒金剛乘不共口訣與闡述勝義諦的真正上師，必需具備下列八種特質：一、他們自身必須接受了有關外密與內密一切壇城的灌頂，且其心必須充滿智慧。二、他們的身、口、意必須平靜、調柔，因持守戒律與三昧耶之故。三、他們必須徹底瞭解、融會一般與不共密續的義理，換言之，他們必須統合如來藏本性的根密續、道密續——即培育止滅（譯注：斷除煩惱）與證悟功德的生起次第與圓滿次第、以及最後的果密續——

佛果自然顯現的佛身與佛智。四、他們必須對近、成、事業各階段[55]所有的精通徵兆，有完整的體會。五、他們必須有不受限的見，並了悟輪迴與涅槃的功德。六、對輪涅的功德有直接的覺受，他們的心必須已解脫。七、以無量的悲心，他們必須引導眾生解脫。且八、其事業必須只為了利益他人。

在這八點之外，遍知上師吉美．林巴還加上了其他兩項特質，一、真正的上師事業並不多，他們一心為法，心念、言語和行為完全投入在佛法上。他們對輪迴極為疲厭，有強大的決心要出離輪迴。他們的出現具有轉化所有值遇人們概念的作用，後者會被啟發而尋求解脫。二、一位上師知道許多善巧的方法來引導他人出離輪迴，並具有清淨傳承、無三昧耶違犯染污的傳承加持力。追隨這樣的上師，在這一生中快速證得共與不共的成就是有可能的。

偽師

但是，有些上師就像是「木製的石磨」，他們出自慢心、非真誠修行佛法，他們只是為了維持轉世上師或家族傳承的系譜，無異於婆羅門祭司的所作所為。他們的修行出於只關心其寺院的聲譽、害怕若不這麼做的話他們的駐錫地或傳承就會式微。以這種邪惡的動機，試著保全財富或寺產，就像是泡在糞池中；覺受只會讓這種人變得更髒污。因此，受法、聞法、以及弘法，建塔、造佛像等等，若以這種動機為之，就不是真正的佛法。事實上，這反而會毀掉這個人。這就是為何在本頌中，提到了泡在糞池中。空洞、嘈雜地吹噓功德，對於心的調柔一點幫助也沒有，就像是木造的石磨不能碾麥子、製不出麵粉一般。這類的上師只會毀了他的弟子。

此外，還有一些人，雖然他們的心充滿了染污，無異於凡夫，但因為過去一些小恩小施的業報，在這一生中得到了上師的位子。他們擺出架子，自吹自擂地認為自己是某號人物，洋洋自得，他們因接受了信徒的供養、稱譽和服侍而變得驕傲自恃，信徒到他們面前欠身頂禮——對真正上師的真正特質毫無所知的愚人！這樣的善知識就像是那個著名故事所說的「井底之蛙」般[56]。

還有其他的冒牌貨——這些人對法教只是一知半解。他們受了戒律和密乘的誓言，但他們不懂戒條、持守的戒律也相當鬆弛。他們對三學渾然不知，其內心充斥著過患，卑劣且墮落。他們假裝在傳法和給予教言，那純粹是瞎子摸象，但他們卻裝得好像是遨翔在證悟的虛空般。而且，他們並不真正關心他們的弟子，慈悲的引線已然斷裂。親近這類的「瘋子導師」，無可避免地會引向惡的斷崖、導入下三道的深淵和不斷增長的惡。

上師的智慧必須遠遠大過於弟子的智慧。若非如此，倘若理應是上師的人缺乏菩提心，那麼追隨這些人、或因其名聲與個人魅力而被吸引，就是莫大的錯誤。盲不能導盲，這是顯而易見的。因此，信任一個慧眼閉上的人，從立即與究竟的角度來說，都是嚴重的錯誤。這類的上師才不管他們的弟子所作所為違背佛法。他們假裝關心弟子，因為他們樂於被服侍、被尊敬。弟子在幫助這類上師時，認為他們是在事師，儘管事實上這類「上師」深陷在世間八風中，且其行為相當缺乏任何根本的智慧或有用的目的。結識這種人，在這種情況下將使弟子失去了解何者當取、何者當捨的任何機會，之後也將流轉在下三道的黑暗之中。

基於上述理由，有志者可能很虔心、真誠地想要修行佛法，但假如他們沒有檢視其上師是否為真正的具德上師，不在意地跟他們產生關連，那麼他們將會丟掉目前的功德，和往後在修道上將擁有的功德。他們這個等待了許久才獲得、具足八有暇*的人身，將被認為是毫無意義的。他們的處境，就像是某個進入黑暗毒蛇窩中的人，誤以為那是個清涼的樹蔭。盼望得到涼蔭，他們希望能重振精神，哪知卻因自身的錯誤而被懲罰、遭到毒蛇的齧咬。如《持明藏》（*Vidyadhara-pitaka*）中所說：

* 參見第一章。

「弟子不能眞辨之；

無知、不解弟子問：

此師乃弟子之魔。」

召請真正上師的殊勝功德

但飽讀神聖經典與釋論的上師，他們的慧眼大開，以其對三學的特殊證悟，擅長解脫弟子的心續——這樣的上師是殊勝的，他們的心充滿了教義與證悟*的每項功德。他們是從離念的本初智慧境中、即十方一切諸佛法身中俱生與遍在的廣大無念悲心界中化現的。在眾生的世界中，他們以無數的形象示現，為了人類，他們現下出生在佛陀法教的殘存時期，示現為善知識。他們是修道上與一切共、不共成就的無比來源。如同《密意總集》（*spyi mdo dgongs pa'dus pa*）續所說的：

「若不依止上師尊，佛果從未可得證；

未曾見聞此等事，若此則違佛經言。」

* 這裡指的是教法與證法。

真正上師的行止，其動機皆是為了引領每種根器的眾生依循解脫之道，這是他們涉入看似世間行為的唯一理由。事實上，即使表面上看來是在降伏對手，但他們卻不會被瞋心所動；同樣地，他們也沒有貪執，即便他們看起來是在照顧家人；在休閒的當下，他們的心也沒有散逸；即使他們積聚了財富，也離於愛取；雖然擁有資產與影響力，他們也不會驕慢。視一切現象如夢似幻，他們的心如虛空般。即便他們的言行似乎不符合世俗的成規，但妄下斷語是錯誤的，因為在這類言行背後有諸多目的，以他們的智慧來教化眾生。

真正的上師比世上的任何人都要偉大。他們擅長以法教的相關字義、相關修行或遣除障礙，來斬斷弟子的疑惑。當其他人詆毀、批評他們時，上師並不會因此頹喪。在利他時，不管身體、語言、心理上再怎麼疲累，他們皆以耐心承受一切。眾生正是藉由修習上師的精華教授，才能度過輪迴苦海、抵達自由的彼岸。因此上師就像是艘大船，他們是真正的嚮導，能夠無誤地教導共道，並解說殊勝了義佛經*和密續的義理。他們就像是甘露雨，透過三慧來熄滅無始以來所累積的煩惱、業報烈焰。他們就像日月，以智慧的光芒驅散不知何者當取、何者當捨的無明黑暗。他們就像大地，強大、堅忍，不管情境的好、壞都不受影響。因為他

* 這些經典以直截的語言闡述勝義諦，免去任何婉轉修辭或譬喻。參見〈經部下冊〉第九章。

們揭顯通往上三道與究竟殊勝的修道，他們就像是滿願樹，是究竟殊勝之佛果與上三道短暫幸福、喜樂福運的根源。他們就像是神變寶瓶，具足了佛經、密續一切字義的寶藏。身為一切證悟的根源，他們甚至比如意寶更為珍貴。對待親近者與生疏者毫無區別，他們就像是一切眾生的父母，不偏私地以慈愛照看著眾生，願安置一切眾生在快樂中且成佛。他們的悲心就像條大河，滔滔奔流著，朝讓一切眾生遠離痛苦與苦因流去。上師就像是須彌山，不被嫉妒所動，他們樂見眾生的完美。就像是甘霖的雲朵，他們以不受愛憎所擾的平等捨，無別地緩解了所有煩惱。這樣的上師與一切諸佛無異，即便他們沒有示現三十二相、八十隨行好。僅是見到他們、聽聞他們、或憶念他們的行為，都意義非凡。縱使有人傷害過他們，假如這個人悔改並懺悔他的過錯，不管這一生或來生，這個人都還是可以覓得快樂之道，並成為他們的弟子。那些以信心、無偽虔誠心正確依止這般上師的人，將自動獲得有利投生的一切好處（健康、長壽、美貌、福運、家人、財富和聰明才智等），一切證悟的功德（慈心、悲心等）會如落雨般為他們灑下。

以二十種心念依止上師

在《樹鬘經》（*Gandayuba-sutra*）中，提到弟子應如何依止上師的方式。在此，據說弟子應培養四種心念：他們應該視自己為病人，自無始以來就生著染污的病；他們應該視佛法為藥；應該視上師為良醫；精進地致力修行則是治病的過程。抱持著這四種譬喻的心念，弟子應該視上師如旅行者的扈衛，使他們免於敵禍。弟子應該倚賴其上師為勇敢的朋友，護衛他們免於危險。再者，弟子應該依止上師，猶如商人倚賴其船長或航海者倚賴其領航員。如果弟子認真地抱持這二十種心念（四項為一組，共五組）、而不是把它當作口惠，那麼他們就會被保護而遠離生、死與煩惱的危險敵人。這就是依止上師的正確方式。

劣徒之相

圓滿上師的悲心與加持是無分別的，不受喜與不喜所染污。但是，事實上，就像母獅的煉乳不能盛裝在銅鐵製成的器皿中，聽聞上師法教但缺乏信心、聰慧、精進、和出離輪迴決心的弟子，不能受益於上師教言的靈藥。這是共的要點。尤有甚者，有些人對甚深佛法欠缺信心，只因為他們喜歡微不足道的因緣：如禮物、微笑、其他偏好等，於是有了膚淺的虔誠心。這種粗淺、刻意的虔誠心，一點意義也沒有，就像天氣的變化一樣——早上有的，到下午就不見了。要捨棄這種虔誠心，因為它是脆弱且容易改變的。

即使用盡各種方法，有些人還是很難被引進佛法之門。一開始，他們就像野生的犛牛——很難趕進牛欄裡。之後，當要教他們、讓他們修學時，他們易怒、不受教，且憎惡任何精進於佛法之人。他們只對這一生感興趣。結果，他們輕忽自己的戒律與三昧耶，並開始結交不當的朋友。他們越來越糟、悖離上師與法友，到最後變得猶如森林、邊地的野人般，這些野人不跟人類為伍。

接著，有的人即便在上師跟前，也經常籌思各式各樣的計畫。他們認為與其跟上師在一起，不如遠走他處，獨自修行。他們匆匆離去，但不管到哪去，都結交到損友；他們的修持與行為衰墮，深陷在邪行當中。另一方面，假如他們真的被告知要獨自閉關並穩定地投入修行，他們可能會待在閉關處，卻不聽上師的教言，修得一塌糊塗。他們鎮日無所事事、散逸，一整天下來甚至連一座也沒做。他們就像莎草（Kusha grass）的草尖，隨風一吹就到處搖擺。

接著，有一種壞人的類型，十分奸詐、不滿於只有財富和名聲。這種人垂涎於領受灌頂、口傳、和講解的名望，將之當成買賣的貨品，他們以欺偽的動機親近上師，設下陷阱一如獵捕麝香鹿般。他們沒有一絲對上師恩德的感念，唯一動機就是要獲得麝香——換言之，即神聖的佛法；當他們得到後，三昧耶和戒律就被拋諸腦後。彷彿獵人殺死鹿後，興奮地期待將麝香賣出般，這種弟子為他們的新地位而興奮莫名，驕傲於領受了這樣的法教。像這樣的人，拋卻了與上師的三昧耶，此生與來生將會悲慘不堪。

還有一些弟子，其計畫遠超過自己的能力。他們領受了所有重要、直接的要點教授，尤其是與生起次第、圓滿次第相關的要點；但他們卻不修持，認為要修行這些要點，得要有全部佛法的講解。為此，他們忘了修行，到處找尋各種典籍，忙著抄錄筆記、註解，把自己搞得疲憊萬分。甚至就在他們見到某個新東西前，早就忘了先前所了解的那一丁點。

一般而言，有諸多弟子的類型，但總歸可將之區分為以下三類，了解這三類是很重要的。首先，是那些具有真正信心的弟子，他們真誠地領受、思惟和禪修完美的法教。他們具有興趣和虔誠心，並決心自輪迴解脫。第二種，是那些具有修行者表象，但卻缺乏真正決心、只專務此生成功與榮耀的弟子。最後，是既不屬於第一類也不屬於第二類的弟子，他們是微溫的，既不熱也不冷。在其佛法修行上，他們愚笨且錯誤，信奉佛法只是看別人做就跟著。他們沒有深思熟慮，輕率地修學佛法、沒有信心或真誠的動機。他們的佛法修行，就好比猴子的禪坐或鸚鵡的持咒。結果，他們就像流浪狗在街頭遊蕩；他們既非佛法的修行者亦非直心腸的世俗之人[57]。

良徒之相

相對地，好弟子披上虔誠心的盔甲，如證得實相的龍智（Nagabodhi）*。好弟子有穩定的心性，如沛吉·耶謝（Pelgyi Yeshe）侍奉其上師與教法，不顧生命與四肢；又如密勒日巴尊者，做上師吩咐的任何事，不在乎個人的舒適。像這樣的弟子，單靠其虔誠心就得以解脫。

弟子應該要有一切功德源的信心，以及不受懷疑影響的清楚、明晰才智。他們應該具備能讓他們分辨善惡的智慧。他們應該要有大乘的大悲心，以及對戒律與三昧耶的深厚敬意。他們在念頭、語言、和行為上，都應該平靜、調柔。他們應該心胸寬大、友善地對待鄰居和法上的親眷。他們對清淨田**應該慷慨布施，應該得體地以淨觀看待他人。

好弟子應該一、像彬彬有禮的小孩，知道如何令上師心悅，避免讓上師不悅。二、即使在必要的時候，上師經常嚴厲地斥責他們，弟子也應該如同聰明的馬匹，克制自身的怒氣。三、弟子應該像船隻般，不厭其煩地往返航行，以便達成上師的目標。四、如一座橋，弟子

* 他證得了人無我與法無我。

** 這指的是殊勝功德田、利益田和悲心田。參見第三章。

應該能承擔任何情況——不論好壞、苦樂、或毀譽。五、弟子應該像砧板般，不受暑熱或冬寒所移。六、彷彿僕人般，弟子應順從、小心翼翼地實行上師的教授。七、弟子應該以清道夫般的謙卑，來尊敬其上師與僧團。八、弟子應該反省自身的缺失，並避免任何傲慢，猶如一隻角已磨損的老牛般，在牛欄中屈就最差的位子。在《菩薩藏》（*Bodhisattva pitaka*）中提到，假如弟子依照這樣行持，就是正確依止其上師。

如何事師與依師

上師是三寶的總集；事實上，上師是第四寶。如同《諸佛三昧耶瑜伽續》（*Sarvabuddhasamayayoga-tantra*）上所說的：「佛、法、僧：除此，上師是第四寶。」蓮師也曾說：「上師是佛，上師是法，上師也是僧。無比成就一切者，上師是吉祥的飲血尊。」有鑑於此，據說有三種令上師心悅的方式。

首先，如果吾人有物質上的財富，供養是極為重要的[58]。其次，為了要事師和表示敬意，吾人應該做任何所需的身體行為，從家庭雜務到實用的針線活、準備坐席等，雙手合十來表達尊敬。吾人應該支持上師所需的任何事情，並以上師法教的如法行為，透過解說等方式，做任何應做之事。所有這些行為的福德絕不會白費。這兩種令上師心悅的方式——物質的供養，和身、語的服侍，分別被認為是最不重要與次等重要。第三種、也是最好的事師方式，是將法教付諸實修[59]。

上師已經成就了自利，現在他們的任務是為了利益他人。重要的是，要了解他們不同事業的示現，適合了不同眾生的傾向與情感，是佛行事業不可思議的運作。牢記這一點，吾人必須避免對上師的誤判。印度的大成就者、譬如薩惹哈（Saraha），大多數的時間是以社會底層賤民的形象出現。他們選擇習俗上被鄙視的生活方式，絲毫不管清淨或不清淨，以擔任最底層的僕役、或「有罪」的獵人和漁夫維生——盡可能以最卑微的方式過活。但因為他們的心毫無染污，他們的行為也從不會是錯誤的。相反地，我們是染污的，如迷幻藥的藥力發作般。假如我們尚未以三圓滿解脫門獲得自在、還未了悟一切現象的無限清淨[60]，便把過失歸於上師，就是犯了彌天的過錯。善星比丘（Sunakshatra）發誓要背誦整個十二分教，但受到他自己邪見的宰制，他認為完全沒有任何過失、具足一切殊勝的釋迦牟尼佛言行，乃是背信忘義與陰險的。我們必須牢記這一切、懺悔、並使信心最微細的動搖還淨。如同在《成就壇城戲論》（*'khor lo chub pa rol pa*）中提到：

「若在夢境中，上師似有過，醒時即懺悔！
倘若不如此，過失將增長，導致無間獄。」

如果上師很明顯地生氣並責罵、叱責弟子，舉止粗暴，弟子應該要了解，這是因為他們有一些過失被上師覺察了，可能是某個惡念或惡行，這個時候就是弟子要持戒的時刻了。弟子要立誓永不再犯這樣的過錯。他們永遠不能認為是上師錯了。聰明的弟子，能了解上師行為背後潛藏的智慧與目的，不會臣服於魔障的勢力。

上師跟前之行止

在上師的跟前，有一些特定的儀節必須遵守。當上師起身時，你不應該仍坐在座位上，要立刻站起。當上師坐定後，你必須詢問上師的健康情況，並獻上提神之物，或任何讓他們開懷的東西。當他們從某處走到另一處時，你應該在他們之前清掃地面，並以香水灑地、鋪上地毯，並供養馬匹或其他載具。當擔任侍者隨侍在側時，不可直接走在上師前面，因為背向他們是不尊敬的；也不要直接走在後頭，因為這可能會踩到他們的足跡；你也不可走在右側，因為那是尊貴的位置；因此你應該保持在左側。若你對上師的法座或坐騎出言不遜、若你踩過或坐過上師的法座或座椅、或抱怨上師口語的聲音、踩到上師的影子等等，你的福德就會衰損。此外，當上師在場時，要避免大聲開關門、穿戴奢華的飾品等，也永遠不可發脾氣。從不說謊、舉止總是穩健、合情合理。要避免大聲嘻笑、唐突與過於放肆的開玩笑。永遠不會對上師的在場漠不關心，好像是跟一介凡夫在一起、毫無敬意與敬畏。以謙遜依師，緊緊管好你自己的念頭、語言和行為。

你不應該結交用憎恨、嫌惡態度來謾罵、批評上師的人——即便他們是慷慨的施主、對你很好。若不是用適當的言辭、就是甚至在必要時動用武力，去試著制止他們的邪行。倘若情況難以掌握，簡單來說就是對這種人避而遠之；假如你不這麼做的話，他們邪行的強大力量和魔擾，將會腐蝕你的三昧耶。因為這牽涉到「因與他人的關係，而違犯三昧耶」*。這種交情的過患，在密續《甘露湧》（*bdud rtsi 'byung ba*）中有描述：

「金剛上師遭訾議，
寂、忿方便迴遮之。
汝不能避應閉耳。

* 藏文的zlas nyams（譯注：業損之意）。

切莫結識或交談，
彼等行徑辱師者，
否則汝亦惡趣烹。」

不要在上師的侍者與弟子間製造分別：喜歡某些人、不喜歡其他人。也不要讓你自己變成討厭鬼。寧可像條腰帶，能輕易地搭配任何人；也要像鹽巴一樣，任何人都可輕易取用，無論地位高下、有影響力或藉藉無名。要成為有力的柱子，能抵住疲累煩躁和任何的攻擊。這就是如何事師，以及如何尊敬上師的侍者、施主、和金剛親眷的方法。

你應該發願要時常陪伴在上師——佛法寶藏祜主的身旁，就像天鵝待在美麗的溪流裡、滿是鮮花的水池裡，能輕柔地品嚐青草與植物般；或像蜜蜂餟採花蜜而不會破壞了花的顏色或香氣般。能夠這般持守適當的行止，真的很了不起，拋開一切不正確的行為、培養每項有益的心念。毫無疲厭、堅定地隨侍上師，試著不成為任何不悅之因。單憑信心的力量，就能一嚐上師證悟的功德！

大乘上師的一切事業，都只為了一件事：證悟成佛。他們的事業無一離開六度。既已奉守方便與智慧的不共修道，這樣的上師以特殊的善巧法門，如獻供、布施、建寺、弘法與聞法等，來修行福德資糧。他們也修智慧資糧，他們以了知主體、客體、與行為本身俱非實存（譯注：三輪體空）來封印其事業；且他們安住在究竟實相界中。假如你讓自己與這般上師的事業有所關連，實際參與、身和語的幫助、禪修其事業等，你的所行都將與上師的事業相應。因此上師與弟子的福、慧資糧得以一起且同時圓滿。

事師之理

所有投入事師的功夫——如傳遞訊息、甚至是清掃房子——永遠不會是無意義地白費力氣。它是殊勝道，藉以圓滿資糧並證得解脫之果。這麼做是有理由的。當皈依或發菩提心時，不管你觀想的福德田是哪一個（寂靜的或忿怒的），如果你認為此福德田是上師心意的示現，這就是外層次的上師瑜伽；假如為了清淨心，你觀修上師坐在你頭頂上、是一切諸佛的總集，這就是第二層、內層次的上師瑜伽；倘若做為領受上師加持的直傳方法，你觀修上師在你的心間，這就是密層次的上師瑜伽；最後，為了修習生起次第，認定你身、語、意的不造作狀態，與上師的三密無別地生起為本尊，這是最密層次的上師瑜伽。而修習圓滿次第是所有這些修行的結行，你將自心與上師的智慧心融合在一起，並安住在此境中，永不離於本覺——究竟本性的離思光明明性中。熟知上師智慧心的這個本然狀態，完全離於心念的活動，這樣就是究竟層次的上師瑜伽。這說明了一切修行的精髓，是如何具現在上師瑜伽的修行之中。為此，在大乘的佛經中，教導我們必須具有視上師為佛、正等正覺者的串習。密續中的教授，也是如此。在密續《金剛手灌頂續》（*phyag rdor dbang bskur ba'i rgyud*）中提到：「『秘密主，弟子應如何看待上師？』『弟子應觀上師如其觀佛、具恩怙主。』」同理，在密續《廣大虛空續》（*nam mkha' i klong yangs kyi rgyud*）中也說：

「禪修上師即是修法身，
十萬本尊修法遠不如。
爲此舉凡任一正法行：
聞、講、修、持、供食子諸等，
皆爲上師瑜伽之前行，
上師即是三時殊勝佛。」

大多數的人，無知且愚蠢，以其上師的法照來觀修（由他們自身或其他人所製成）。但事實上，當上師還活著、還在世時，他們卻不以實際的方式、不虔誠地服侍上師。當上師去世後，為了讓自己印象深刻，他們造了金、銀的舍利塔。因此，他們的行為與動機是不相合的。他們說自己正在禪修甚深的究竟實相，但他們卻了無上師心之最密深意——完全離於散亂與無修的狀態——的絲毫線索。相對地，他們把信心置諸於愚者的禪修、執著於實存。他們世俗、散亂的心試著要證得超越了心智的智慧。真是浪費時間的傻瓜！散亂之心根本不可能產生此等結果！這種人沒有淨觀，他們也缺乏渴仰與虔誠心，但他們卻希望能在中陰時遇見上師！你曾聽說過這種荒謬的事嗎？

結語

所以一開始，你應該對想要跟隨的上師保持距離，並探聽上師的生平。之後，你應該非常仔細地檢視上師——從不太遠、也不太近的距離。接著你應該善巧地加入上師的事業，小心、詳細地檢視這些事業。

如果這位上師結果是個不應追隨的人，你就該離去。若這位上師證實的確是你正在尋找的人，就留下來、成為弟子。之後，不管上師的行為對你來說是好是壞，你都應該善加檢視你自己，並且堅持這個關係不懈。

最後，當你接受教言，修習、觀修所講解的見、修時，你應該善加模仿你上師思考、說話與行為的方式。依此而行的弟子，將會在邁向證悟的真實修道上前進，不受障礙阻撓，也不會迷失方向。

即便如此，當人們投入真實修道的修行時，邪靈、魔、精怪等厭惡與離苦寂靜相關的一切事物，會現出各種人道的形相：如家人、朋友、甚至法友，來作惡與欺騙。當你結交那些追求不善、厭惡一切善、鄙視並批駁真正上師的人時，邪行的風暴將會毀去你之前修學的收穫與曾經擁有的善業。結交惡友是多麼不智啊！那將會讓你在未來難以獲致善功德，且會被惡魔之力襲捲與摧毀。你的究竟目標將會失去。

另一方面，依止真正、具德上師並結交善友的人，將享受身、心的安樂，並在這一生就會獲致一切源自於教法與證法的美妙功德。諸佛菩薩將永遠眷顧他們。現前而言，他們將會廣具上三道的暇滿，最後將會證得究竟殊勝。他們會圓滿二資糧、淨除二障，而證得共與不共的成就。他們會漸次向最高的果位與修道進展。

若你以信心與虔誠心修上師瑜伽、獻供、與讚頌；若你持咒召請上師之心並接受灌頂，你將圓滿福德資糧。若在此修行的結行部份，雖然你仍是個初學者，但你將自心與上師心融合為一，並安住在此境中；或是你保任一切現象於究竟本性界中是本初一味的了知，那你將圓滿智慧資糧。上師瑜伽以二身（譯注：法身、色身）的果做為修道，是圓滿二資糧最精要的法門。為此，勝者曾說，片刻的憶念上師，勝過禮敬數劫的諸佛菩薩，也勝過禪修數百遍的生起次第修行。在《地藏十輪經》（*Dashachakra-sutra*）中說道：「若你以敬意來事師，將獲致不可思議的功德。你應了知一切殊勝功德與佛果事業，皆來自於追隨上師。」在密續《殊勝如意續》（*yid bzhin mchog gi rgyud*）中也特別提及：「禪修上師為本尊形相在你頭頂上，比你手中有千尊壇城、將其融入你心中千次而橫越三千大千世界，更勝百倍或千倍。」

圓滿發願

圓滿發願的精髓，就是真誠地願能修行法教，這和四種殊勝的運用有關。第一種殊勝是殊勝的目的，亦即，願能以三慧融貫殊勝的教法與證法、深不可測如海的無死甘露寶藏。接下來是依止殊勝的上師，博通經、續，且能無誤地闡述之。第三種殊勝，是弟子能夠運用殊勝的法門，即有念修行、布施等各部，藉以達成想要的目標，並讓甚深的生起次第與圓滿次第（在本頌中指稱為口訣）智慧得以不致曲解與衰頹。第四殊勝，是出離輪迴的殊勝決心，此乃驅離天魔的強有力符咒，藉此，每項修行都將促使吾人沿著解脫道前進。

與這四種殊勝相反的，是不情願地修行佛法，以一種被善知識或他人加諸的義務感來從事。譬如，有些人可能接受了黃色僧服的外在標記等，不管這些修學是多麼輕微、寬鬆

(undemanding)，但他們卻對法教和修習感到厭倦。即使情況並非如此，不管他們聞、思、修再多，倘若他們的動機受到顧念此生——如得到資財、名聲等的有毒污染，其結果也只有繼續輪迴下去而已，這是完全悖離解脫道的情況。或許另一種情況，雖然有些人把佛法擺在最後，但他們太過拘泥了，以致於不敢抵觸上師或其他法友的教言，所以他們把誓戒當成是一種沈苛的責任來持守，這表示他們是受到世間八法的主導。雖然在表相上他們的舉止好像是為了他人與法教，但他們的大乘修行是顛倒的。這就猶如一位很強的術士製造災難，施咒不下雨、引起一場乾旱般。世間八法事實上就像是羅睺（Rahu）的臉，讓明亮的秋月蝕缺了（譯注：有羅睺食月一說），秋月是吾人保持殊勝發願決心的象徵。

意識到修行者所屬的三種根器或三種範疇，我們的導師、佛陀揭示了三種修道。在本頌中將修行三種修道的任一種，比喻為騎乘善巧的車乘。任一種修道都是對全部染污煩惱毒害的直接、強有力對治。事實上，不能對治煩惱的修道，就不是佛教的修道。第一種根器的眾生，知道被三毒主導的行為將把他們推入下三道，所以他們拒絕三毒，雖然只是暫時地。中等根器的眾生，知道引發輪迴痛苦的根源，是執著於自我，於是他們藉由斷除我執來克服煩惱。上等根器的眾生藉著了悟煩惱非實存來清淨煩惱，或他們運用甚深的生起次第與圓滿次第來積極利用這些煩惱，或者他們使用煩惱「自解脫」的法門，亦即煩惱自行消融*。不會一直陷在過去念中，也不去尋訪未來念，並讓自己當下的心境不被念頭或不同的情境拉走。反而是，持續修行毫無厭倦，具信心地讓一切需要被斷除的，都遁入平等性的第四時、究竟時中——甚至包括對治本身[61]。這樣一來，因為你對佛法的思惟以及因上師教言之故，你以六識所意識到的任何事物，都會讓你感知到無常的真理，也會灌輸你出離輪迴的堅定願心，同時還有悲心和虔誠心。這一切將帶來遍知的智慧，即殊勝發願的徹底成就。

善護福德

有五件事一起出現在某一生中，這是此人在過去世持續以虔誠心積聚大量福德的無疑徵兆。這五件事的第一件，是享受上三道的七種功德。世親列舉了這七種功德如下：

「長壽、健康、美貌、福運、家人、財富，和聰明才智，是七項功德。」

第二件事是除了八種情況無暇修學佛法之外（譯注：即八無暇），圓滿獲得較高的輪迴位置。第三件事是沒有健康不佳。第四件事是專注的能力，因此能創造具彈性、積極的心境。第五件事是能了解法教義理的才智。

* 這指的是金剛乘的修行。

透過一些聞思與學習的幫助，你或許可了知應擇取的善與應避免的不善，這是有可能的。但如果你不訓練自己，這個智慧是會喪失的。若你對自己的社會地位、學識、外貌等感到驕傲，你所領受與修學的法財以及三學等，並不會留在你身上，你的善德將蕩然無存。尤其是，福德會被瞋心徹底消滅。誠如寂天菩薩在《入菩薩行論》中所說：

「百千劫中所積集，布施妙供供如來；
所有一切諸善行，一念瞋心能摧毀。」

（〈第六品〉，第一偈）

在佛經中繼續提到，貪會毀壞戒律，甚至會毀掉上三道中天道與人道的投生。

你目前的處境，讓你能夠以有益的方式來使用你的身、語、意，這就是你在過去曾累積福德的證明。你已獲得了人身，這是修行佛法的基礎；你已有了健全的心智，沒有被業、染污、念頭、語言、和行為的惡行所干擾；你有能力分辨何者是應避免的；而且你也有這麼做的方法。最後，你能享受領受神聖法教的福運。

就像《大乘莊嚴經論》（*Sutralankara*）中所說的：

「喜及生有暇，無病及禪定，
善辨之因者，以往作福德。」

（譯注：《大乘莊嚴經論》由無著菩薩所造，在此所引為藏譯本，另有唐朝印度籍三藏法師波羅頗蜜多羅的漢譯本，字句稍有不同，譯為：「可樂及無難，無病與寂靜，觀察此五種，宿植善根故。」）

只是明白福德資糧的重要並不夠。你的心應該強有力地專注、決定修行大乘的法教；這應該像一套鎧甲，如此堅固，縱使以生命為代價也絕不捨棄。在聽聞、思惟法教——廣大與甚深的法海之後，你應該具有無疑的確信，並透過禪修的經驗將法教帶入你自身中。一個擁有極大力量的巨人，假如他有勇氣且不遲疑的話，能夠將因陀羅（Indra）的弓弄彎。同樣地，你應該對這件事有信心：若你有持續不斷的決心和勇氣，你可以吸收與修行完整的佛陀法教；藉由對治法和對策的幫助，你可以克服所有逆境。之後就會像是把木頭丟進火裡：越多困難生起，你的決心就越堅定；不管任何染污現起，對治法就越有力。你對修道的奉行，將永遠不會只被因緣擊倒；你的修行也不會自滿與懈怠；你的每個念頭、語言、與行為，都將成為六度修行的助力，因此將成為最後證悟之因。

為了奉行修道，要以決心的鎧甲來鞏固，加上福德資糧的累積：包括七支淨供（表述皈依等的一式祈請文）與從最微細的善行、如水食子供與餗供（sur），到最大的善行、比方獻上自己的身體等。另一方面，修道也包括了淨障，透過對治法的應用，對每個過失、小到在夢中所犯最微細行為的淨治。若你以正念、嚴謹的警覺、及觀照，正確地檢視你的行為，擇取應該做的、拒絕應拒絕的，小至最細微的手勢、嘴巴發出的每個音、每個念頭，你將不會被任何危及修行的逆境所擊垮。你做的每件事，都將轉成修道上的圓滿清淨修行、最重要的福德資糧。

總之，正確運用這四輪的修學，是聖者道、菩薩道的重要基礎。

註釋

51「三淨行」中，第一淨是化緣所得不能出自非正業。第二淨是布施的行為必須公開且無惡意。第三淨是施主必須樂意且無悔意。

52這段引文是概略的譯法。藏文的 ma brtag、ma bslangs、ma bskul 等詞意很難譯出。清淨之肉，需具備這三種條件：一、食用者必須見到，所食動物並非專為其所殺；二、食用者必須從可靠來源聽到，此動物並非專為其所啖而被殺；三、食用者須毫無懷疑，非為其所殺。某人須受限於這些條件，方可食肉。此外，更為嚴苛地，口耳傳承規定了下列條件，即食用者必須一、見到此動物是自然死亡；二、根據可靠消息知道確實如此；三、毫不懷疑此動物非蓄意被殺。

53根據遠溯至佛陀本身的傳承，林中隱士的坐墊係由吉祥草做成。

54佛陀法教的歷史分期，據說有四個主要的時期。第一階段是「證果時期」，緊接在佛陀宣說教法之後，此時修持佛法的人能快速獲得證悟。接著，是「修行時期」，此時的人們必須透過修行才能獲致成果。在第三階段的「口傳時期」，佛法只是被傳下而已。這時，只有一部份的人修持佛法，而能證果的人極為稀少。在僅存的第四階段「像法時期」，佛法只維持了外在的徵象而已。

55近、成、事業是儀軌修持的不同階段，參見名詞解釋的相關條目。

56從前有一隻老青蛙住在井裡。有一天，另一隻住在海裡的青蛙來拜訪牠。這兩隻青蛙聊了起來，開始比較起他們住處的不同。沒辦法瞭解到還有比牠的窩居更為寬廣、龐大的地方存在，對這個老青蛙來說，井是天底下最優越、最舒適的住處，老青蛙被說動了，要去一探大海的究竟。當牠到了海邊，海的無邊無涯讓牠驚嚇過度，當場嚇得頭殼碎裂！

57「屬於第一類的人，是能夠自利與利他的弟子，上師應該毫無保留地教導他們。至於屬於其他兩類的人，上師應該以各種可能的善巧方便將他們引入真正的修道。即使嘗試失敗了，上師也應該持續地以慈愛關照他們，藉發願之祈願文的方式，因為其業緣之故，好讓他們在未來能夠變成弟子。」（《功德海》卷一，頁四二六）

58 即便上師沒有任何供養的需求或欲望，你還是應該供養他或她你最喜愛的每件東西。在《密意總集》（*spyi mdo*）（譯注：阿努瑜伽部的密續之一）中提到：「我的王國和身體、我的小孩、配偶與財富，我最珍惜的最好資產，供養給聖者。」無量福德的增長來自於此，因為上師是將諸佛法身引介給你的人。在《密意總集》中說以數千劫供養數千佛，不及供養一滴檀香油給上師身上的一毛孔塗抹的千分之一。如果你很窮，以圓滿、真誠的心念做小供養，即圓滿地累積了福德。依你所有等比例地行供養是很重要的。（《功德海》卷一，四三一頁）

59 「為何修行被認為是最好的事師方式？是因為修行完成了上師存在的真正目的。從釋迦牟尼佛以降的所有上師，宣說佛法只為了唯一的一個理由：那就是要讓眾生解脫。不能修持其法教將使此目的挫敗。」（《功德海》卷一，四三三頁）

60 現象的無限清淨指的是金剛乘的證悟之一，即顯現、音聲、和念頭是壇城的本尊、咒語、和智慧。

61 「我們所謂的『時間』是一種和每個眾生感知到的時刻連續相關的假立，將其斷定為和某個真實經驗到的點有關。這被界定為『現在』、過去、和未來的標籤，是給各自的先前、隨後事件所下的名稱。時間本身並無實存的本性。就像在做夢時，心會編排暫時的、不同長度的連續事件，以同樣的方式，心在醒來時也會指派過去、現在、和未來。但是，在究竟的層面上，在事物本然的狀態中，沒有現象在『過去』終結，沒有現象在『現在』發生，也沒有事件在『未來』隨後出現。『博通三時』表示了知其『平等性』。心中記取這點，吾人就能繼續在過去、現在與未來之餘，斷定所謂『不可思議的第四時』。因為吾人了知暫時與空間的分類只是假立，且吾人能與究竟實相、一切事物的平等性合一。」（《智者入門》，頁六十七）

第六章：修道根基——皈依

皈依之理

眾生受到業力的驅使，流轉在六道之中，活在諸多危險的恐懼當中。他們害怕輪迴的痛苦，這是聲聞、緣覺的修道所要對抗的。較為不尋常的是，菩薩懼怕自私自利的心態，這和波羅蜜多道相違。而最特別地，密咒乘修行者所感到的威脅，是妄執現象為常，這也和其修道相違背。總括而言，眾生持續地受到這三險的折磨，彷彿被可怕惡魔深沈、藏身的巨浪所襲擊、吞沒。雖然如因陀羅這般的天神被認為是護祐者，但這類天神是假的皈依處，因為祂們也同樣被困在世間裡，自身也難逃這些危險。

相對地，唯一真實的皈依處——真實是因為真的能給予立即與究竟的保護——是稀有珍貴者，更具詩意的說法是三寶，對那些完全相信三寶的人來說，三寶是無誤的怙主。三寶享譽於三界之中，猶如大白傘蓋庇蔭了業與染污的灼熱。在一開始，初信奉佛教的法教時，皈依三寶是必要的。因為在《皈依七十頌》（*Seventy Stanzas on Refuge*）中便說道：「佛、法、僧是那些渴求解脫者的救護。」

信為皈依之因

真正、歷久不衰的皈依三寶，依誓言所成[62]：這些誓言是解脫道開展的基礎；換言之，接受三學的修行，從而成為承接一切斷除與了悟功德的法器。信心是這種皈依的必備前行，為了培養信心，重要的是要瞭解佛的功德、佛之法教聖法的功德，以及持守佛之法教的僧伽功德。信為一切善業的唯一根源，這實為普遍的原則[63]。在《十法經》（*Dashadharmaka-sutra*）與《寶積經》（*Ratnakuta*）中都同時說道：

「若不信之人，不生諸白法；

猶如燒種子，不生根芽等。」

（譯注：《寶積經》漢譯為《大寶積經》，此偈頌出自《大寶積經》卷二十八）

聖者根性[64]的人，具有善業，一開始就體驗到強大的信心。相反地，對一個從沒聽說過信心會在凡夫心中顯發的人來說，其凡夫業的潛能尚未被攪動。一旦讓他們值遇一切祥和的人身佛——或僅是見到他們的代表物時，吾人有可能被徹底激發出信心。同樣的情形，也會發生在遇到上師時。偶爾在閱讀神聖的佛經時，也會如此，人們會感動地落淚、皮膚起雞皮疙瘩，如同勇行尊者（Shuracharya）[65]般。這種最初的經驗叫做淨信（vivid faith），是回應神聖對象之功德或佛典法教的一種喜悅。接著，自身生起想要仿效這種功德的欲求，有著宛如蜜蜂被花朵吸引般的那種迫切與急切感，這就叫做欲信。之後，吾人體會到一種對四聖諦教言的全然相信感，並對揭櫫何者該取、何者該捨法教的上師生起信心，這就是確信。最後，生起不退轉信，因為不退轉信的功德讓我們不可能悖離三寶，縱使生命危在旦夕亦不辭。一般而言，在聞、思的階段，尤其是在皈依時，吾人應該要具備不退轉信：即使以生命為代價，也不捨棄皈依對象的誓言[66]。

信之起因

有許多因素可以在心中澆灌信心，或強化已然存在的信心。但是，這一切都可歸納為四種主要的境。首先，是值遇一位具德上師；二是結交善友；三是憶念三寶的功德；四是思惟輪迴之苦；輪迴之苦是如此了無意義，且又是此生與來生的禍因。具有這四種念頭，就能生起脫離輪迴的決心，使身上帶來自然、真正的信心。

佛之功德

諸佛身、語、意的功德，猶如無竭的莊嚴寶庫。在《三摩地王經》中曾提及，即使有人能長壽如恆河沙數劫的壽量，也難以讚歎完一佛身上一根毛髮的智慧功德。

斷除之功德

當見道與修道上所生的二智，制伏了煩惱障與所知障時，就證得了斷除的究竟功德。

見道斷除的一百一十二種障

所要斷除的各種蓋障類別，可大致歸納如下。如《大乘阿毗達磨集論》中所說：

「見斷一百一十二障，貪、瞋、慢、癡、與疑，
薩迦耶見、邊見與邪見、自恃己見、驕恃己律——
見斷這些根本障：五者爲見，五者非見。
此十有違四聖諦，
五者直接相違：
「薩迦耶」見、「邊」見、與「邪」見，
癡與疑隨之。

瞋所緣力毀四聖諦，餘四者間接相違。

此十雖皆現於欲界中，但色界、無色界中無瞋。

故得一百一十二種。」

（譯注：此段譯文，見諸玄奘法師漢譯的《大乘阿毗達磨集論》卷四，與藏傳版本內容顯見差異，謹錄參考如下：「云何煩惱，謂由數故、相故、緣起故、境界故、相應故、差別故、邪行故、界故、眾故、斷故。觀諸煩惱，何等數故，謂或六或十六，謂貪、瞋、慢、無明、疑。見十謂前五見又分五，謂薩迦耶見、邊執見、邪見、見取、戒禁取。何等相故，謂若法生時相不寂靜。由此生故身心相續不寂靜轉，是煩惱相。……謂諸煩惱依種種義立種種門差別。所謂結、縛、隨眠、隨煩惱、纏、暴流、軛、取、繫、蓋、株杌、垢、燒害、箭、所有、惡行、漏、匱、熱、惱、諍、熾然、稠林、拘礙等。……見所斷眾復有四種：一見苦所斷眾，二見集所斷眾，三見滅所斷眾，四見道所斷眾。欲界見苦所斷具十煩惱，如見苦所斷見集滅道所斷亦爾。色界見苦等四種所斷，各九煩惱除瞋。如色界無色界亦爾。如是見所斷煩惱眾，總有一百一十二煩惱。」）

這段引文可解說如下：見斷除了一百一十二種障。其中，有十種根本障，在根本障中，五種是見、五種非見。那些不屬於見的根本障，是貪、瞋、慢、惑、與疑的煩惱。那些屬於見的根本障，是薩迦耶見（即認定有「我」）、邊見、邪見、見取、和戒禁取*。在欲界中，有十種因素不利於四聖諦的每一諦，因此形成必須斷除的四十種因。在色界和無色界中，瞋不會出現，因此在這兩界中，只有九種違背四聖諦的因，這樣就是三十六因的兩倍，即七十二項。加上先前的四十因，總共是見道所斷除的一百一十二種障。

障如何阻礙對四聖諦的瞭解

三種見與兩種非見，以下列方式直接阻礙了對四聖諦的瞭解。薩迦耶見以「我」和「我的」之角度來斷言四聖諦[67]；邊見相信這個自我若非永存，就是在死後徹底滅絕；邪見則純粹否定（其他事物的）業報。「非見」的癡，純粹不知何謂四聖諦；而疑對四聖諦猶豫、且質疑四聖諦的真實。這些因素全會危害對四聖諦的正確瞭解，因此，除非被其他不相關的因素阻撓，否則這些就被認為是直接與四聖諦相違的因素。

* 參見附錄四。

兩種非見與兩種見，則間接對四聖諦產生危害。前者，是前面章節中所提到執取錯誤知見的貪，以及源於慢、內心傲慢地堅持錯誤的見解。見取，指的是將錯誤法教視為優越的，而戒禁取則把這些錯誤概念以及相關的一切律儀，都視為解脫的有效法門。這四種因素基於邪見，與四聖諦的瞭解相違背，因此邪見被認為介入四聖諦與這四因之間。為此，這四因間接與四聖諦相違。

瞋，如本頌所言，由於其所緣力之故，通常是有害的。加上抱持錯誤知見，當其他人跟自己意見相左時，人們就被激怒。出現這種情況時，瞋心自然不會導向四聖諦或四聖諦之見。於是，只有在瞋的所緣力時，被認為是有害四聖諦*。

這四種因素與滅諦、道諦相違的情況，有一些細微的差別[68]。而且，吾人應該要熟悉教導「滅」徹底消除心相續、「道」導引至此結果產生的那種體系**。

---

* 換言之，由於負面的作用，只能有一般情境下的理解力。

** 即小乘。

修道斷除的四百一十四種障

有言道：

「愛、瞋、慢、癡、薩迦耶見、與邊見：此六者修道所斷。

欲界六者可現，色界與無色界僅五。

依等級與稠密分，總計四百一十四種障。」

（譯注：此段引文同樣出自《大乘阿毗達磨集論》卷四，漢譯為：「欲界修所斷有六煩惱。謂俱生薩迦耶見、邊執見，及貪、瞋、慢、無明。色界修所斷有五煩惱除瞋，如色界無色界亦爾。如是修所斷煩惱眾，總有十六煩惱。」漢譯版本中，認為修道所斷的煩惱，為十六種）

這段引文說明了修道斷除的六種根本障，分別是貪、瞋、慢、癡、薩迦耶見、與邊見。這六種障若依三界來計算，總共有十六種：在欲界，是六種障，而在色界與無色界中不會有瞋，所以各有五種障。相對地，假如這些障是依世俗層級來區分的話（譯注：指外道的說法，如在印度教中分為地界、天界、空界，道教分為現世界、太極界、無極界，分別對應了佛教的三界），欲界有六種障，色界的四禪天中各有五種障（即共有二十種障），無色界的四天中也各有五種障（也是二十種），合起來一共是四十六種障。依稠密來分，這四十六種障中的每一項，又可再分出九種細分的障，這樣加總起來，就是四百一十四種障。此外，不含瞋在內的五種障，也可依九種世俗層級和九種稠密的算法來分類，這樣就是四百零五種障，加上欲界的九種瞋，合起來的總數也是四百一十四種。

在欲界、色界、及無色界中，共有九種世俗層級，第一層在整個欲界中，其餘的八層由色界的四禪天與無色界的四層天（空無邊處天、識無邊處天、無所有處天、和非想非非想處天）構成。同時也有稠密的九個層級，譬如在欲界中的貪可分為九級：最貪的大、中、小，中貪的大、中、小，以及小貪的大、中、小。上述的每一種障，都各有不同稠密的九種層級。

小乘、大乘的除障差異

見道所斷除的障，是由於心的錯誤假立[69]。這些障可藉由純粹對四聖諦的「見」或了悟，而被斷除。相對地，在修道所斷除的障，是俱生或本俱的障[70]。這些障不能僅透過對四聖諦的了悟而消除。只能憑藉對此了悟漸增的融會而慢慢去除。

小乘的修行者宣稱見道所斷除的障，只能在非世間道*上去除。另一方面，他們說修道所斷除的障，只能在世間道上去除。在他們的觀點裡，置身於欲界中而去除吾人在修道上所斷除的障，是有可能的；換言之，在見道斷除的障之前，可斷除修道的障。他們稱這是「躐等」之道，並認定有兩種聲聞安住在此道上：將會證得斯陀含果（譯注：斯陀含又名一還果，為聲聞乘沙門四果的二果，只需在欲界人天之中一往返的投生，便可解脫。先前的初果、預流果是須陀洹，證得須陀洹果的聲聞行者，已斷三結：薩迦耶見、疑見、與戒禁取見，並成就四不壞信，永不墮三惡道。在人天之中，只需再往返投生七次，即可解脫）與阿那含果（譯注：阿那含又稱為不還果，是沙門四果的三果，已毋須在欲界輪迴，死後將投生色界或無色界而入涅槃）的修行者[71]。

然而，為了鼓勵弟子的緣故，且為了啟發弟子對修道的興趣，佛陀才會善巧地教導了這個法教。事實上，世間道不可能消解修道上所斷除的障。這些障唯有在殊勝、超越世俗的層次上才能被去除。根據大乘的說法，這類的障在世間道上不能根除，只有被稍稍壓抑。且「世間道」指的是色界與無色界中的入定，這些入定缺乏觀的智慧。相對地，超越世間道是止觀雙運，與了悟人無我及法無我的智慧有關。

---

* 亦即小乘的見道。

小乘、大乘見道的除障法

整體而言，見道由十六剎那所組成，四聖諦的每一諦各有四個剎那，稱做法忍、法智、後忍、與後智*（譯注：漢譯《大乘阿毗達磨集論》卷五的相關段落，為「於此位中由法忍法智覺悟所取，於類忍類智覺悟能取。又此一切忍智位中，說名安住無相觀者，如是十六心剎那，說名見道。於所知境智生究竟，名一剎那。」）對苦諦的了悟，由四個剎那所組成。第一個剎那的出現，是對苦之本質的無畏法忍**，此時捨棄了在見道所斷除（和欲界苦諦相關）的十種障[72]。第二個剎那的出現，是對苦之本質的法智，此時智慧現起、成為對治[73]。第三個剎那，後忍的剎那，捨棄了在見道所斷除（和色界、無色界苦諦相關）的十八種障。第四個剎那，後智的剎那，智慧再次現起成為對治。若是將這四個剎那同樣用於另外三聖諦，總共有了四組二十八種障，所以，總數又是斷除的一百一十二種障。

另一方面，大乘教導見道斷除與三界（欲界、色界、無色界）相關的障，在同一時間內全都一併捨棄，大乘相信這些障在了知四諦本質的那個剎那，就全被捨棄了[74]。

---

* 分別是藏文的chos shes kyi bzod pa（法忍）、chos shes（法智）、rjes bzod（後忍），與rjes shes（後智）。

** 這表示對苦諦四個面向的接受。參見附錄三。

小乘佛教聲聞乘的十八部派[75]，以許多不同方式來解說見道的十六剎那。大乘也是如此，師子賢（Haribhadra）論師說有兩種闡述十六剎那的方式。第一種，是和分別抉擇的剎那有關，這十六剎那逐一現起，但從真實性的剎那觀點看來，這十六無非是同一剎那。第二種，有些人的看法認為分別抉擇的剎那與真實性的剎那，事實上是同一剎那[76]。師子賢自己採取第一種的別說，即十六剎那是逐一現起。所謂分別抉擇的一剎那，就能摧毀一切有關四聖諦的錯誤認知，是不可能的；因此，考慮到四聖諦的每一諦逐漸根除錯誤認知，需要經過十六個剎那。然而，所謂真實性的剎那被認為是同一剎那，只有在直接證得人無我時才是如此。這是同一剎那，因為究竟本性不可分割（成為連續的各類）[77]。

無著菩薩在他的一本著作中，解說了四聖諦的十六剎那如下。首先，在接受苦之本質的法忍智時，見道所斷除的一切盡皆銷落。在了知苦之本質的法智時，對治的智慧現起。藉由後忍，嶄露了法智，明白法忍智與了知苦之本質的法智是構成殊勝修道的根基。藉由後智，有了對後忍乃是殊勝道根基的了悟。四聖諦本質的法忍與法智，與感知的對境、即四聖諦本身比較有關。相對地，後忍與後智則與智慧、即尋伺的感知媒介相關。在無著的傳承中，十六剎那的體系[78]被用來描述如何在座下獲得無諍智（譯注：根據《俱舍論》卷二十七所言，無諍智指能令眾生不生貪、瞋、癡等煩惱的智慧，只有阿羅漢與佛具有無諍智）。這被認為是一種學者的分類，是為了那些傾向智解的人而說。另一方面，從超越一切概念造作狀態的觀點而言，就像在禪定時的覺受般，這十六剎那在同一瞬間出現。

龍樹菩薩也同樣在他的著作中，表示十六剎那的體系僅是一種分析過程，用以描述四聖諦錯誤認知的消解。法忍存在於對四聖諦的信心，帶來了一種無畏的納受，並透過了知四聖諦本質的法智，吾人能夠直接了悟四聖諦。透過後忍，和四聖諦本質相關的無畏，即使在座下也能保任。最後，藉由後智，即使在座下也能現起四聖諦的圓滿智。就是在這樣的脈絡下，才產生了十六剎那的分別。然而，就事實而言，在吾人見到一切現象無生且離於一切概念造作的那個剎那，即是不可分的（十六剎那）。如同《楞伽經》中所說：

「無生唯實義，四諦猶童語；住於等覺者，無一何言四？」

總之，這十六剎那僅是一種對某個禪定剎那的概括式描述。

為何修道可斷除一切障

現在談到修道所斷除的障，據說透過熟習這些障的對治修行、事實上是這些修行構成了修道，便可逐漸增上，從最普通的修行開始直到進入最高深的修行。其結果，就是這些障會以同樣的順序消失：從最粗重的蓋障開始，進展到最微細的障。

如同前述，見道所斷除的障是假立的錯誤概念，而修道所斷除的障則是俱生作意。假立指的是薩迦耶見（相信有「我」）、常與斷的邊見等，這些是受到錯誤見解影響而（在每一生中）新造的假立概念。抱著某種見解的人，公開地持續這些錯誤的知見，另一方面，即使是那些「天真」無見解的人，也仍然容易沈浸在這樣的錯誤見地中[79]。相對地，「俱生作意」的措辭指的是，心早已以自我導向的方式被「安裝」了的事實。這個安裝就是想著「我是」，伴隨著貪欲和其他的煩惱作意，轉而向外尋求對境。從無始以來，心就是以這種方式被主導著。

所以，見道所斷除的障[80]與四聖諦的本質相違；修道所斷除的障與六塵，如色、聲等相違[81]。

雖然強烈瞋心的蓋障只有在修道上才能被徹底斷除，但早已被見道生起的強大慧日所削弱，就像腐爛的苗芽般枯萎。這就是為何聖者（the Aryas）（譯注：聖者又分為四種類別：阿羅漢、緣覺佛、菩薩、與佛）一旦證得聖道，就免除了這些煩惱，即使這些相同的煩惱要到了修道才能完全斷除。

見道所斷除的障，是受到錯誤知見影響而在每一生新造假立的錯誤概念。這就是為何外道的知見，不能對已證得見道之人產生影響的原因。在所有的來生中，都仍不受影響。

佛之證悟功德

除了斷除的功德外，諸佛所具有的功德還來自於佛的證悟*，這些包括了：善業完全成熟果報的五種眼（禪觀的力量）（譯注：五眼是天眼、肉眼、法眼、慧眼、佛眼，在《華嚴經》中別說佛有十眼，加上智眼、光明眼、出生死眼、無礙眼、一切智眼）。因禪定成就的六種神通（譯注：六神通是天眼通、天耳通、他心通、宿命通、神足通、漏盡通），像是示現神通的智慧與能力；以及因阻斷無意之業所產生的十力（譬如諸佛有掌握壽量的能力）（譯注：參見《瑜伽師地論》卷四十九：「云何如來十力？一者、處非處智力。二者、自業智力。三者、靜慮解脫等持等至智力。四者、根勝劣智力。五者、種種勝解智力。六者、種種界智力。七者、遍趣行智力。八者、宿住隨念智力。九者、死生智力。十者、漏盡智力。」）。諸佛也具有四總持（dharanis），皆以無礙念力與殊勝智慧為本。第一種總持是瞭解一切現象無生的能力（譯注：忍總持）；第二種是咒總持，是透過禪定與智慧所成就；第三種是法總持，這是能夠憶持而不忘記法教任何一字的能力；第四種是義總持，這是能無誤憶念一切法教意義的能力。諸佛有十智（譯注：小乘、大乘對佛十智的解說不同，在《阿毗達磨俱舍論》卷二十六〈分別智品〉中提到：「智有十種攝一切智：一世俗智，二法智，三

---

* 參見附錄五。

類智，四苦智，五集智，六滅智，七道智，八他心智，九盡智，十無生智。」大乘的說法，參見《華嚴經》卷十六〈十住品〉云：「此菩薩應勸學諸佛十種智。何者為十？所謂：三世智、佛法智、法界無礙智、法界無邊智、充滿一切世界智、普照一切世界智、住持一切世界智、知一切眾生智、知一切法智、知無邊諸佛智。」），定義為無礙地解知一切智，像是了知眾生各種祈願的智慧。諸佛有四無畏，即面對一切反對佛所宣說之自、他內涵時的無畏；也有以一切方式來利益眾生的四無礙智（譯注：四無礙智，又稱四無礙解、四無礙辯、四化法，即法無礙智、義無礙智、詞無礙智、樂說無礙智）。

諸佛具有十八不共法，是聲聞與阿羅漢所沒有的功德。其中六項指的是諸佛的行為：一、諸佛身的行為沒有染污（譯注：身無失）；二、諸佛的語不刺耳、不唐突（譯注：語無失）；三、諸佛的正念無損且無間隙（譯注：念無失）；四、諸佛的心總是住於禪修的定境中（譯注：無不定心）；五、諸佛在想中不起分別（譯注：無異想）；六、諸佛在平等捨中涵攝了完全的分別抉擇（譯注：無不知己捨）。同樣的順序，接著是關於佛之證悟的六不共法：七、諸佛具有持續、喜悅的熱忱，為了利益眾生而行（譯注：欲無減）；八、諸佛具有為了他人福祉從不退失的正念（譯注：念無減）；九、諸佛孜孜不倦（譯注：精進無減）；十、諸佛對一切現象具有殊勝的智慧（譯注：慧無減）；十一、專一禪定（譯注：解脫無滅）；與十二、完全免除二障與習氣，且具有遍知智的證悟（譯注：解脫知見無滅）。然後，有三種法，包含了本初智的三個不共面向，使諸佛於十三、過去（譯注：智慧知過去世無礙）；十四、現在（譯注：智慧知現在世無礙）；十五、未來（譯注：智慧知未來世無礙），皆擁有一切所知智——無礙（由於去除所知障之故）且無貪（因為煩惱障也一併斷除）。最後，是佛之事業的三不共法，包括十六、身（譯注：一切身業隨智慧行）；十七、語（譯注：一切語業隨智慧行）；十八、意（譯注：一切意業隨智慧行）出自智慧且隨智慧而行，這表示智慧是佛之事業全面的驅動力。把這十八項合起來，就是佛的十八不共法，是聲聞、緣覺、或阿羅漢所不能共有的。

在《皈依七十頌》中說道：

「無明睡中醒，其心本智廣，佛乃盛開蓮。」

佛是法身、是本初智所表現的二十一圓滿功德*、是眾中勝、是清淨大平等性**一味。對住

---

* 參見附錄七。

** 藏文的 dag mnyam chen po，金剛乘的主要原則之一。這是在《幻化網》（sgyu 'phrul dra ba）密續中所宣說的瑪哈瑜伽部之見。一切顯相，在其清淨性中，是佛身與諸智慧的壇城，這包括了殊勝世俗諦。而在清淨中，一切顯相是平等的，智慧與空性雙運，這就是殊勝的勝義諦。顯分的「清淨」狀態與勝義分的「平等」狀態，無別地呈現在每個現象中，這就是所謂的大法身。

於十地的菩薩聖眾而言，佛顯現為報身，報身是體性的顯分、具備五圓滿的空形相。然而，在凡夫的感知中，佛顯現為化身，即導師。

法之功德

法為道諦與滅諦所在

「法」[82]一詞包含了三個範疇，首先，法指的是善行或善巧法門，譬如布施。第二，法指的是道，而道指的是證得無我的智慧。第三，法指的是涅槃，依循道而產生離於蓋障的自在。這些都是教法的課題。至於法的本性有兩個層面：一方面，法的本性是離於一切垢染的殊勝果位；另一方面，是斷除這一切垢染的事業。法的這兩個面向與「圓滿清淨的二諦」——即滅諦與道諦[83]相應，而福德業則是道的附加。

法分為教法與證法

教法與證法可以從法教的三個合集，即三藏的角度來加以討論，藉此開展出三學。

教法

教法可用許多方式來細分。從「主導緣」，即如來本身現起，眾生感知到的是聖典、契經、應頌等的十二分教[84]。當這十二分教從三毒對治的觀點被系統化時，就出現了三藏，即經、律、論。最後，甚至比三藏更為甚深、具足更多善巧方便的，是持明之藏（pitaka）。

在《普作王續》（*kun byed rgyal po*）中說道：

「調伏貪惑對治法，佛說律藏二萬一；
調伏瞋心對治法，佛說經藏二萬一；
調伏癡心對治法，佛說論藏二萬一；
持明最勝治一切，佛說密藏二萬一。」[85]

經典撰寫的基礎是文字或單字，結合起來成為詞彙，之後形成片語和句子。由句子組成了偈頌（shlokas）；偈頌形成了品、卷、與函。所以經典是文字的合集，形成了皈依誓句的基礎[86]。

證法

證法[87]指的是在五道上所獲得的一切功德，從資糧道開始增上。舉例來說，在資糧道下品，證法指的是四念住（譯注：身念住、受念住、心念住、法念住）；在資糧道的中品，證法指的是四正斷（譯注：四正斷又稱四正勤、四意斷、四正勝，是三十七道品中僅次於四念住之後的行持，強調斷惡、修善的精進，分別是：斷斷、律儀斷、隨護斷、修斷）；而在資糧道的上品，證法指的是四神足（四神足又稱四如意足，為三十七道品中於四正斷之後的行持，為：欲神足、勤神足、心神足、觀神足），諸如此類*。

此外，證法也表示斷除與證悟所產生的智慧，遍滿於聖者的內心。此時道與智慧的一切功德，無非都是實證了早已存在的心性——如來藏。這些功德不是起因於某些新的、外來的事物，而是由於究竟本性的實證，無非是斷除或去除蓋障而已。在密咒乘中，這些障的去除是透過奉行甚深口訣，直接引導入身、語、意的實相。在生起次第的修行中，是有念的，修行者禪修本尊的三座[88]，因而使俱生的本初智得以現起。透過圓滿次第的修行，是無念的，本初智得以增長，伴隨著不忘失的總持、十遍處[89]、九次第定[90]等。因此證法包含了住於有學道（即資糧道、加行道、見道、與修道）眾生主要修行所具有的，以及住於無學道（佛果）者所具有的一切功德。

* 參見附錄六，關於五道的說明。

了悟的等地或次第

在因乘的宣說中，了悟功德的基礎是十地。依序如下[91]：

（一）歡喜地（rab tu dga'ba）：這是大乘見道殊勝本初智之功德基礎，在無著的《大乘莊嚴經論》中如是描述道：「見到吾人朝向證悟前進，使眾生得以受益，菩薩感到極大的歡喜，這就是為何這一地如此稱謂的原因。」

（二）離垢地（dri ma med pa）：這是與大乘修道初階下品殊勝本初智相關的功德基礎，在《大乘莊嚴經論》中如是描述道：「由於在這一地，毋須任何努力便可持守無瑕的戒律，故被稱為離垢地。」

（三）發光地（'od byed pa）：此地形成了大乘修道初階中品殊勝本初智的功德基礎，在《大乘莊嚴經論》中如是描述道：「由於了知實相的明光顯耀，此地就稱做發光地。」

（四）焰慧地（'od 'phro ba can）：這是與大乘修道初階上品殊勝本初智相關的功德基礎，在《大乘莊嚴經論》中如是描述道：「由於菩薩具備了促成證悟的功德，焚燬二障，故此地被稱為焰慧地。」

（五）難勝地（sbyangs dka'）：這是大乘修道中階下品不共本初智的功德基礎，在《大乘莊嚴經論》中如是描述道：「即使對聰慧的菩薩而言，帶領眾生至完全成熟且觀照自心，也難以達成，故此地被稱為難勝地。」

（六）現前地（mngon du gyur pa）：這是大乘修道中階中品殊勝本初智的功德基礎，在《大乘莊嚴經論》中如是描述道：「由於在此地，對依止智慧度（譯注：六度的最後一度）的菩薩而言，輪迴與涅槃的本性已全然開顯，故此地被稱為現前地。」

（七）遠行地（ring du song ba）：這是大乘修道中階上品殊勝本初智的功德基礎，在《大乘莊嚴經論》中如是描述道：「由於此地流入唯一大道（第八地或初清淨地），故被稱為遠行地。」

（八）不動地（mi g yo ba）：這是大乘修道高階下品殊勝本初智的功德基礎，在《大乘莊嚴經論》中如是描述道：「由於菩薩不會被兩種識[92]所動搖，故此地稱為不動地。」

（九）善慧地（legs pa'i blo gros）：這是大乘修道高階中品殊勝本初智的功德基礎，在《大乘莊嚴經論》中如是描述道：「在此地，菩薩獲得了四種圓滿智*，故稱為智慧地。」

* 這四智與附錄五中的描述相同。

（十）法雲地（chos kyi sprin）：這是大乘修道高階上品殊勝本初智的功德基礎，在《大乘莊嚴經論》中如是描述道：「由於菩薩的心界充滿了每一種禪定與總持，猶如兩種法雲般，故此地稱做法雲地。」

依據密咒果乘的說法，共有十三地*。換言之，在經乘的十地之上，還有十一地化身果位的普光地、十二地報身果位的離欲淨蓮地，與十三地法身果位的金剛持地**，也稱為文字大輪聚地***。不過，還有不同的分類法，事實上，在各密續中所提出的金剛乘諸地不同體系，不勝枚舉[93]。譬如，在一部阿努瑜伽部密續《經部密意總集》（*mdo dgongs pa 'dus pa*）中，提到的名相是觀地、辨地、勵地、信地、與大力地。

所以，神聖的佛法是斷除與了悟的殊勝智慧，此智慧遍滿於安住在各道、各地行者的心中[94]。

---

* 這是根據瑪哈瑜伽部密續的分法。
** 藏文的rdo rje 'dzin pa。
*** 藏文的yi ge 'khor lo tshogs chen。

僧之功德

一般而言，僧寶是指那些具足了悟、即具備了相當智慧且離於兩種障部份染污[95]之人所組成的精神團體。

小乘僧團與大乘僧團

如果我們把聲聞、緣覺合在一起，並考慮「向」、「果」兩階段與任一果位的關係，就可以將聲聞、緣覺分成四組。於是，我們就得到了總共八種的眾生（譯注：即聲聞乘四向四果，包含預流向、預流果、一來向、一來果、不還向、不還果、阿羅漢向、及阿羅漢果，稱為「四雙八輩」）。

因此，聲聞與緣覺的四果如下[96]：

（一）預流（rgyun du zhugs）（另譯須陀洹）：如小乘論藏中所描述、住於了知見道十五個剎那的聲聞；以及如大乘論藏中所描述，住於加行道並了知見道十五個剎那的聲聞，皆是預流向的聖者。當他們臻至見道的第十六剎那時，就證得了預流果。之所以被稱做預流，是因為他們已進入了正道之「流」，將會證得果位。*

* 證得預流果的聲聞行者，將在欲界中投生不超過七次。

（二）一來（lan gcig phyir ’ong ba）（另譯斯陀含）：已去除在欲界中修道所斷除之五種障的預流果聖者，是一來向的聖者。當斷除了第六種障，就證得了一來果。之所以稱為一來，是因為他們在欲界中只需再投生一次。

（三）不還（phyir mi ’ong pa）（另譯阿那含）：已去除在欲界中修道所斷除之第七、第八種障，但還未斷除第九種障的預流果聖者，是不還向的聖者。當他們摒除所有這些障時，就證得了不還果。之所以稱做不還，是因為他們將不會再投生於欲界之中。

（四）阿羅漢（dgra bcom pa）：已去除高層界（即色界與無色界）修道一切諸障的不還果聖者，直趨三有之頂（譯注：即無色界的第四天、非想非非想處天，是輪迴的最高處）的第八層（譯注：應是指四禪八定的最高境界），是阿羅漢向的聖者。當他們摒除了三界所有的餘障（譯注：見丁福保《佛學大辭典》，「聲聞、緣覺之人雖云入無餘涅槃，然猶有三事之餘殘，非真無餘也。一、煩惱餘，斷三界內之見惑、思惑，猶餘界外之無明惑；二、業餘，雖盡三界內之有漏業，猶餘界外之無漏業；三、果餘，雖出三界內分段生死之苦果，猶餘界外變易生死之苦果。」），就證得了阿羅漢果。阿羅漢的意思是「殺賊」，之所以被稱為阿羅漢，是因為他們已經摧毀了怨敵——煩惱。

小乘道、自成其八地之說[97]。

屬於大乘僧團的聖者，稱做佛子[98]。他們住於諸地（bhumis）之中，是修持顯教因乘所證得的果位，他們的功德是難以言喻的。

何謂皈依

聖法是道，指引離苦之道，也是遠離二邊的救護：一邊是輪迴、另一邊是涅槃。法是從我們的導師、佛陀所傳下，而那些信奉三學的人、以及那些幫助我們能自發努力以成就三學的人，就是僧。這三者即是三寶，是那些力求解脫者的皈依處。在《皈依七十頌》中說道：

「佛、法、僧是那些渴求解脫者的救護。」

因皈依與果皈依

根據吉美・林巴的本頌，在大乘中，經乘的皈依是「因皈依」，而金剛乘的皈依則是「果皈依」。這兩者的誓戒應該要以全然的真誠來受持，而非僅是口惠。顯教因乘的皈依，是誓言要依見起修，以在未來（花上三大阿僧祇劫或更久的時間）成就三寶。究竟的利益是佛果[99]，因為屆時三寶的一切功德都俱足了。果皈依是金剛乘的不共皈依，這來自於金剛乘的特殊之見，是誓言要實證自心的本性——即了知自身即是三寶——就在當下這一刻，而非在未來某個時間點才成就之事。其結果、佛果，是在自心之中覓得而非別處。

一般而言，依據大乘顯教因乘，皈依的對象是三寶：即具足四身與五智的佛、教證的聖法、以及住於諸地成就的聖僧。以三寶的皈依為師、道、伴，是因皈依；果皈依則是在未來於自心之中「實證」三寶。然而，根據密咒乘的說法，三寶的本性[100]俱現在上師身上。吾人的根本上師，就是一切諸佛的總集。上師的身、語、意，就是僧、法、佛。以這種了知，無二地皈依上師（亦即，尋求救護之人、與給予救護之人，沒有分別），是因皈依。最後，就在這個剎那，了知自心即是三寶，便是果皈依。這牽涉到對自心即是智慧明光的指認，也涉及了對心從無始以來即無漏、自始即具足每一圓滿功德的指認。無一物可淨、無一物可得。心即是佛。這個果皈依也牽涉到對心之無染究竟本性、本初不變是法、且其俱生功德是僧的指認。

皈依的不同發心

皈依的人，可能會有三種發心。第一種，是那些想要成就短暫、稍縱即逝快樂的人。之後，是那些想要成就恆常快樂的人。最後，是那些想要成就他人快樂的無上發心。

關於第一種人，我們可以說他們是下士夫。這樣的人懼怕下三道而皈依三寶，為的是獲得人、天善趣的快樂；他們皈依的時間，是直到達成此目的為止。中士夫，即聲聞、緣覺，如此懼怕輪迴之苦，抱持著得到自身解脫之見而皈依三寶。就當前的角度而言，他們皈依的時間是累世，究竟來說，他們皈依的時間是直到證得小乘道的果位、即阿羅漢果為止。最後，上士夫，大乘的修行者，否定只為了自身快樂而忽略他人處境的發心。他們皈依的時間是直到證得圓滿證悟，以解脫輪迴中的每個眾生，並將眾生安置在大自在或佛果的境地中為止。事實上，那些已將了義佛經和密續甚深義理內化的人，了悟到沒有實存的輪迴過患或涅槃功德需要去斷除或證得。從最初開始，心的根本狀態就是離於欺偽、世俗的和合現象，但這些現象由於取、捨的機制而以因果相續的狀態現起。「親見善逝藏之臉」、即勝義諦，並安住其中，就是果相的無上皈依。

如何皈依

眾生恆常流轉在五徑[101]上：夢徑、習氣徑、業徑、不定感徑、與不定因果徑。對眾生而言，佛的悲心永遠及時且超越了貪愛或障礙。

在《百業經》（*Karmashataka-sutra*）中說道：

「巨蛇群集海洋之浪，洶湧多變。

但爲其子，亦能駕馭之，

佛陀之行恆及時。」

如來的功德是如此廣袤，即使是住在十地的菩薩，已經開展出廣大的智慧寶藏，也無能描述佛身上的最小毛孔。假如十地菩薩想要嘗試此舉，就會猶如想飛到天空盡頭的鳥兒一般：飛了一段距離之後，就摔落在地。

輪迴就像是一座水磨坊的輪子。從三有之頂下到無間地獄，眾生透過十二因緣的連續而不斷地在其中旋繞著。因邪見與強烈煩惱而造作惡業的人，不論他們是轉輪聖王或天神，如梵天或帝釋天，還是人間的富賈權貴，全都必須流轉在輪迴中。他們不能了悟勝義諦，一頭栽進了可怕的深淵。在短暫的時機上，這樣的眾生可能幫助或傷害我們沒錯。但擁有三重發心（懼怕輪迴、對三寶具信、對不知出處的無明眾生起悲心）的人，深知他們是當前與長久的虛妄怙主。這些弟子應該，像大菩薩一般，將一切自我中心的想法拋諸腦後。他們應該為了他人之故而增長菩提心，並憶念三寶的功德。從內心深處發願，要使自身成就三寶的功德，他們應該在福德田的面前，念誦七支淨供的祈請文而皈依。

皈依的利益

因皈依的利益

就像在十方的任一方向無法包覆廣袤的虛空般，與三寶相關而造作的善、惡業果報，其利益與過患也同樣無法揣測，這就是其極為重要之所在。由皈依所生的福德是無量的，事實上，倘若這個福德是可以物質形態來丈量的話，整個虛空都容納不了。在《無垢經》（*Vimala-sutra*）中有云：「若皈依之福德可以形量計，將盈滿虛空仍有餘。」

總之，藉著皈依我們才成為佛教徒。所以，皈依是分辨受法者與外道的準則。皈依是別解脫戒、菩薩戒、與密咒乘戒一切誓戒的基礎。透過皈依，一切性惡的惡業、一切誓言的違犯、一切障都將被淨除[102]。已經皈依的任何人，不可能遭到任何人或非人造惡者的傷害。即使是心相續中已有了將墮入下三道之因的人，也將免於遭到此厄運。那些皈依者，不論已生或終其所有來世，都將受用輪迴與涅槃的勝妙。在圓滿了有念層面的福德資糧時，他們終將成就兩種色身：報身與色身。

果皈依的利益

果皈依，究竟且無誤，是認出心的真正、不造作本性，以「解脫三門」的措辭來指稱對輪涅一味的了悟。解脫三門的第一項，是心與心識所感的一切現象皆非實存，這是空性。第二項是即使心的遊戲幻化無拘無束，仍是離於一切的言詮與定義，因為心超越了一切有相（與言詮），無論清淨或不淨。第三是此顯相離於一切分別的取、捨，一切行、禁；心超越了一切的期望，不嚮往結果、不期待結果，除了自心本性外，不將依止投諸於外在的皈依處（譯注：古譯的解脫三門是：空、無相、無願）。這就是為何吾人安住在本然清淨界——心最深奧的體性之中，不受主、客二元念頭的擾動，這就是非和合金剛明光的智慧狀態。離於對三輪概念的執取（譯注：遠離對主體、客體、行為這三輪的執取，稱做三輪體空），吾人圓滿了智慧資糧，證得了法身並具足二淨：本初清淨、與去除一切外來垢染的果淨。

皈依戒

因皈依的戒律

應遮止之戒律

共與不共的戒律是可以談論的。共的戒律是即使付出生命為代價，也不捨棄三寶。因此毋庸置疑，也不可由於社會、基督教的誘因或金、銀餽贈之故，而否定三寶。尤其，因為上師是三寶總集，一旦皈依之後，吾人就不可用不敬或不悅的態度來對上師講話。這點也同樣適用於所有值得尊敬之人。同理，吾人應該捨棄對上師的所有欺瞞、錯誤行為，包括所有不當言論、所有的抱怨、和各種發牢騷。

至於不共的戒律，一旦吾人皈依三寶之後，有三件事要避免。皈依佛，就要停止對梵天、毗濕奴等天神的禮敬，這些天神不僅不能真正幫助眾生，由於自身的業力，他們也被困在輪迴之中。甚至也不可禮敬住在空中、擁有神通[103]的餓鬼或鬼魂。皈依法，吾人不應該傷害其他眾生。吾人不應該殺生或毆打其他眾生，就動物而言，吾人不應該騎乘動物或讓牠們負載過重。皈依僧，吾人不應該與那些敵視佛法或不信三寶之人為伍。

應持守之戒律

吾人應該對三寶的一切代表物起恭敬心，視其為三寶的化現。吾人應該從不販賣、典當任何三寶的塑像或相似之物，無論其新、舊，無論其製作精美或粗糙。這點也同樣適用於任一文字、佛語的所依物。吾人應該從不踩過任何寫有文字的東西，吾人不可不敬地背向經典或用自己的涶沫弄髒經典。吾人應該避免批評或訾罵僧伽，即使是持戒不嚴的僧人[104]。帶著虔誠心，吾人應該以額頭頂戴任一紅、黃僧袍的衣褸。吾人應該於二十四小時中多多憶念三寶的功德，三次或六次，或是至少白天一次、晚上一次。吾人應該皈依三寶，並鼓勵他人也這麼做[105]。

果皈依的戒律

現在談到果皈依的戒律，佛的法身是心的究竟本性。因此，當心的創造力（心與心識如太陽與陽光般一起運作）消融入法界，無物可除、無物可得時，吾人就得到了圓滿證悟。基於這個原因，就果皈依而言，吾人並不將三寶理解為救護者、自身是被救護者。這個果皈依是全然超越了常見的、透過儀式協助的皈依，所以果皈依是無法談論其戒律的。

何時破犯皈依戒

當吾人屈服於對三寶、真正皈依處的疑惑與邪見[106]時，就捨棄了因皈依。當吾人無法持守戒律而還戒時，也同樣捨棄了因皈依。倘若任何關於該捨、該取的戒律有所缺損時（縱使尚未徹底破戒），吾人就會墮入下三道的地獄。基於這個理由，就像照顧身體的傷害般，吾人應該要謹慎地持守戒律，即使是最輕微的戒。

與皈依不相合的發心

有些人因為「等流果」的緣故，就像狐狸不能抗拒其天性般，陷入了錯誤的發心與念頭中。他們大聲地念誦皈依文，但實際上他們的行為與誓言互相牴觸。他們對三寶沒有信心，內心透不進三寶的加持；他們是憤世嫉俗的「不值法器」。他們求助於世間人們所認定的天神、鬼魂、與地祇，*但事實上那些是因為過去的業力使然，而在空中移動、擁有魔力與神通的餓鬼。這樣的行為顯示這些人根本不相信三寶是確定、無誤的皈依處。就在這一生，他們的福運就會衰敗且會遭遇非時死。

持守皈依戒之利益

當這個世界、地球、天空、須彌山、四大部洲，這一切現有的存在毀滅、化成空時，日、月也會失去推動它們在星曜軌道上運行的躔道風[107]，向我們跌落下來。即使這樣的事情發生時，三寶也不會欺騙我們。對這個事實的全然相信，是極為重要的。

假如在夢中，吾人覺得落入河中，或是被仇敵、野獸追殺，一旦吾人目睹或憶念起三寶，並一心向三寶祈請，這一切的險難都會消逝。吾人會得到細心、正念、和三學的所有功德。如果在過去生中，吾人對三寶有信心，在其後的生生世世有益的功德都會輕易、愉快地增長。即使在中陰時親見諸佛菩薩，也不會有困難，吾人將可輕易朝向解脫邁進。最後，藉著自身成為三寶的化現，吾人將可保護其他眾生、寬慰他們的苦惱，並引領他們不只投向上三道，甚至能獲得究竟的圓滿佛果。

* 藏文的 sa bdag，指佔據在某地的鬼魂。

註釋

62 吾人可能要小心把皈依詮釋成「有神論的」信仰傾向，涉及了倚賴某種超自然的力量。皈依佛的概念自然會牽涉到預期佛賜予保護。佛的確如此。但這不是將某種已做好的解脫，當作獎賞交給你。佛並不是救星。佛解說了苦與苦因，並宣說了邁向解脫的修道，讓弟子遵循。輪到弟子們藉由了知苦的本性與根除苦因，而從苦解脫出來。因此，真正的皈依是踏上修道的誓言，好讓弟子自行解脫，而非訴諸神的恩典。

63 顯然，英文中的「信心」（faith）一詞有來自猶太—基督宗教傳統的內涵，在此用來翻譯藏文dad pa一詞的詞義，固然與這些內涵有些共通之處，但又超乎其旨趣，一如本書的解說。

64 聖者根性，藏文的'phags pa'i rigs，有聖者法脈的指涉。在小乘中，指的是少欲之人；他們對其擁有的食物、衣服、住處等感到知足；且在淨除惡業與獲得證悟上堅持不懈。這個法脈（根性）的得名係因為它能帶領眾生達到聖者的果位。

65 勇行尊者，又名馬鳴，是一位非常反對佛法的印度婆羅門。他向大班智達聖天（Aryadeva，另譯提婆）挑戰辯論，條件是輸的一方要奉信贏者的傳承。馬鳴當下辯輸了，羞愧到決定投恆河自盡。聖天發現了，派了一些僧人去抓他，把他鎖在寺院的藏經閣裡。最後，馬鳴冷靜下來，覺得有點無聊，就開始閱讀佛經。過了一段時間後，他十分驚訝與感動於佛法的闡述，而全心改信佛教。在閱經的過程中，他發現了和他相關的一段授記，大意是他將會撰寫佛陀的傳記。事實上，馬鳴是梵文文學史上的重要詩人，由偈頌寫成的佛傳《佛所行讚》（*Buddhacharita*）就是他的著作。

66 對西方的讀者來說，很容易將這種陳述詮釋為「殉教的教規」，事實上，「殉教的教規」與佛教精神是大相逕庭的。正統（orthodoxy）的概念，就意識型態規範前提的意義上來說，在佛教中根本微不足道，佛教講求的是內在的信服，以作為真正精神轉化的動力。因此，不退轉信的意義，不是固守在懺罪層面上的信念表述，而是一種內在的信服，這種信服是如此地深刻而根深蒂固，不受不甘願之嘴所道出的任何錯誤言語所影響。這點用《普賢上師言教》中的一則故事（見此書英譯本，一八五—一八六頁）來加以說明，再適當不過了。有一位印度的在家修行人，被人用死亡脅迫他放棄皈依三寶。（這位修行者說道：）「我只能用嘴巴說出放棄皈依，但內心是絕不會這麼做的。」這個人被行刑且心甘情願地接受死亡，雖然「為信仰而死」，但他的主要目標並沒有失去。

67 在此處，四聖諦不應被理解成普遍原則，而應是現象的分類。因此，吾人談論的不是苦諦。而是真正的苦、真正的集等等，所以和現象世界有關。在這裡的特殊情況下，是聚焦在五蘊。參見附錄三。

68 然而，瞭解前面所說的要點就夠了，那主要應用在前面的兩諦：苦諦與集諦上。根據貝瑪・謝拉堪布的說法，有些權威論點認為這十種因素不能真正與道諦相違，因為道諦是無我的智慧，所以正是這十種因素的對治（譯注：十種因素為上述所說：直接阻礙瞭解四聖諦的薩迦耶見、邊見、邪見、癡、疑，以及間接阻礙瞭解四聖諦的貪、慢、見取、和戒禁取）。

69 「有各式各樣的念頭遮蔽了心之本性。但一切念頭都可歸類成兩大綱目：一、安置在「虛設」（sgro btags）事物上的錯誤認知，以及執著於假設之「我」與「我的」；二、俱生（lhan skyes）作意。這兩種思考方式（亦即假立與俱生的作意）的耽著境（zhen yul）就是兩種「我」：人我與法我。這兩種我被這兩種念頭所感知與攀附。一切假立概念的我，都會被見道的智慧——對實相的直觀——斷除。而俱生作意對象的「我」的概念，則會被修道的智慧所斷除，修道是對見道所證得之心性智慧的持續修學與嫻熟。大乘見道與修道的智慧，會摧毀貪欲之類的煩惱障，以及認定主體、客體、與行為皆為實存並伴隨相關習氣的所知障。這就是滅的功德如何圓滿的所在。因此，在本頌中的名相「斷滅」（spangs pa），可被詮釋為假立與俱生作意都同時被斷除了。另外，「斷滅」也可被理解為不是被斷除的事物，而是斷除者，即智慧。就像排除輪迴的痛苦，可以被理解成正面狀態的解放、解脫、輪迴，同樣地，見道與修道的智慧也可被理解為不僅是其對應過患的對治，也是這些過患無立足之地的智慧或自在。為此，用煩惱障與所知障被兩種智慧所摧毀的方式來詮釋本頌，是正確的。」（《功德海》卷一，四八二頁）

70「俱生」一詞，即藏文lhan skyes的翻譯，在使用時要加以留意。在此所指的是出生時早已顯現在內心的一種內涵或素質，必須與每一生（受到錯誤知見影響的）新造或剛持有的錯誤假立、想法有所區隔。假立（kun brtags）與俱生作意（lhan skyes）兩者皆是煩惱障（nyon sgrib）。假立相對地較為淺薄，是從概念而生，相較之下容易去除。另一方面，俱生作意頑強許多，是從累世而來的緣（在小孩性情中已然深植的侵略性習氣，即是一例）。所知障（shes sgrib）也是由假立與俱生作意構成的，但在此處，假立與俱生作意常指的是粗重與微細的蓋障，前者在見道時斷除，而後者只會在修道的過程中消失。

71小乘的修道，由入定漸進的次第開展所組成。顯然地，這些與色界、無色界相對應的入定，可以在證得（殊勝的）見道前就被培養出來，因為外道的修行者也可以達到這些定，然而外道行者的情況，缺乏空性的智慧（即見道），這樣的成就並無法導致輪迴的解脫。這就是為何在小乘中，修行者可培養高階的入定，但同時在證得見道前，也會致力於朝向見道的得證。這麼做的小乘行者，據說就是踏上「躐等」之道的人，這暗示，當他們證得見道時，就會越級他們早已成就了的修道次第。那些「躐等」之道上的行者，既不是斯陀含，也不是阿那含。因此，可以說小乘的二果與三果，可被世間道證得，而初果與四果，只能由殊勝道證得。

72「這是『無障道』。」（頂果．欽哲仁波切註）

73「這是『解脫道』。」（頂果．欽哲仁波切註）

74「這是『無障道』。」（頂果．欽哲仁波切註）

75在印度佛教初期，有文化差異的地域發展出各自的僧團。在阿育王時期，有四個主要的傳承：說一切有部（Sarvastivada）、大眾部（Mahasanghika）、上座部（Sthavira）與正量部（Sammitiya）（參見註一七九）。這四個傳承又進一步分裂為十八部派，都被迦膩色伽王一世（the king Kanishka）護持的集結會議（譯注：據說迦膩色伽王在脅尊者的建議下，召集了第四次的佛典集結）承許為有效的佛法傳承。關於此議題的詳細討論，參見塔唐•祖古（Tarthang Tulku）所著的《解脫之光•水晶鏡》（*Light of Liberation, Crystal Mirror*）卷八。

76「剎那」一詞可被理解為兩種含意，可以指的是最小的時間單位（dus mtha'i skad cig），或是完成一個行為所需的時間（bya ba rdzogs pa'i skad cig）。後者必然是不一的時間，可能是一彈指的頃刻，也可能涵蓋了從初發菩提心到證得圓滿佛果的漫長過程。在《宗派寶藏論》（*grub mtha' mdzod*）中，遍知龍欽巴表示，四聖諦是透過第二種的十六剎那了悟。換言之，四聖諦是在十六個連續時刻（不同長度）的過程中了悟的。在此處，「分別抉擇的剎那」（so sor rtog pa'i skad cig）是認知到四聖諦十六面向的每個面向所需的剎那。「真實性的剎那」（de kho na nyid kyi skad cig）是了悟真實性的時刻。

77「龍樹傳承提及的十六剎那體系，是用來描述智慧如何在禪修中現起；而無著傳承是將之用來顯示無諍智在座下時刻的現起。這兩種方式事實上並沒有彼此扞格；大乘的信眾都應該奉持這兩者。」（頂果．欽哲仁波切註）

78「這是禪修的修行者所述。」（頂果．欽哲仁波切註）

79當然，這種潛能是與生俱來的。這是基於俱生念頭的習氣，使得錯誤的假立得以增長。事實上，錯誤知見是可以預測的，因為具有某些常見的特性，這些特性輪流與凡夫心積息深重的我執相互作用。

80「亦即，錯誤知見的表述，與支撐輪迴與涅槃的因果關係有關。」（頂果．欽哲仁波切註）

81「其他一切念頭（即錯誤知見體系之外的）源自於感官資訊的錯誤感知。」（頂果．欽哲仁波切註）

82「法」（chos）字有十義，六者用於現象，四者用於聖教。首先的六者是：一、現象或智的對境；二、心意的對境；三、壽量；四、未來；五、確定；與六、宗教（信仰傳統）。四者用於聖教的是：一、經，即教法；二、福德業或善巧方便，如布施；三、道或了知空性的智慧；與四、涅槃或免於一切需捨棄者。」（《功德海》卷一，五〇三頁）

83「吾人應該知道滅諦有三個面向：即滅諦不能以凡俗之心解知、滅諦是業與煩惱的遏止、以及滅諦沒有錯誤的心理活動。道諦同樣也有三個面向：道諦離於蓋障、道諦是清明的智慧、以及道諦作為一切逆行力量的對治。」（《功德海》卷一，五〇四頁）

84「佛經的十二分教（*gsung rab yan lag bcu gnyis*）是：
1.契經（mdo sde）：佛經，關於某個主題的論述。
2.應頌（dbyangs bsnyad）：詩偈的概述，或是在較長篇幅散文中以韻文寫成的法教綱要。
3.記別（lung bstan）：授記。
4.諷頌（tshigs bcad）：以韻文寫成的論述。
5.自說（ched du brjod pa）：非任何人請法而是佛陀為了弘法而自動宣說的法教。
6.因緣（gleng gzhi）：在特定情境下所宣講的教法（通常和律有關）。
7.譬喻（rtogs brjod）：佛陀同時代某些人物的生平故事。
8.本事（de lta bu byung ba）：歷史典故。
9.本生（skyes rabs）：佛陀的前生。
10.方廣（shin tu rgyas pa）：深、廣法教的長篇宣講。
11.希法（rmad byung）：先前未曾有過的甚深法教宣說。
12.論議（gtan dbab）：切中所有經、律義理的特殊主題；輪迴現象的分類，例如蘊、界、處（譯注：五蘊為色、受、想、行、識，眼、耳、鼻、舌、身、意的六根，根之對境為色、聲、香、味、觸、法的六塵，與眼識、耳識、鼻識、舌識、身識、意識的六識，合起來共為十八界，而六根對六塵為十二處，也稱十二入）；道之現象的涵攝：包括了悟的基、道、禪定等；以及果之現象的列舉：如身與智慧等。」
（《功德海》卷一，五〇五頁）

85「聖天、龍欽巴、迭達•林巴等人同樣主張四藏的說法，有些人認為這個密藏包含在論藏之中。」
（《功德海》卷一，五〇七頁）

86就是因為這個原因，在佛教傳統中對書籍與手稿賦予最高的敬意，書本永遠不會被放在地上，而總是放置在清潔的高處。同樣的道理，修行者也會留意，不踩在典籍上或踏過典籍，且當有必要焚燒以銷毀典籍時，照理也會在焚燬時持誦咒語。

87「一般而言，證法指的是道的三學。在經乘或咒乘傳統中，沒有一個證法不包括在三學的任何一學之中。若認定某人的見高深，就毋須戒律；或是認為咒乘的雙運、解脫修行與戒有所牴觸，都是錯誤的。若以為生起次第與圓滿次第有別於定、慧的修學，也是錯誤的。如果吾人認為三乘與咒乘的修道牴觸，或不知道一切道、地的了悟都涵攝在三學之中，那麼吾人就是迷失在無明裡。」（《功德海》卷一，五〇八頁）

88三座壇城（gdan gsum tshang ba'i dkyil 'khor）是：一、五蘊與五大，這是五方佛父、佛母之座；二、六根與六塵，是男、女菩薩之座；三、身處，是男、女忿怒尊之座。

89參見附錄七（譯注：證得禪定力的修行者，觀地、水、火、風四大，青、黃、白、赤四色，空無邊及識無邊等十法，能以任一法為所緣，自在變化）。

90這些在藏文中稱做mthar gyis gnas pa'i snyoms 'jug dgu，包括色界的四禪、無色界的四定、以及滅盡定。

91參見《功德海》卷一，五一九—五二七頁。

92根據論藏（參見米滂仁波切的《智者入門》），識被定義為「取、辨相者」（mtshan par 'dzin pa）。識也和六根相關：五種身根（譯注：眼、耳、鼻、舌、身）是無念的，而意或「意根」，是藉由概念而運作的。這兩類識：有念、無念，又分成兩類，是依照其活動時，是否順利完成對客體之「相」的分別抉擇而定。如果成功辨識的話，就被稱為有相（mtshan bcas）；若是辨識不了，就稱做無相（mtshan med）。五種（無念）的根識，當正常運作並感知到適當的對境：色、聲、香等時，被認為是有相的。意（如前所述，透過概念來運作）被說成是有相的，是當意能夠辨別身分或名相時。這發生在兩種情況下：一、心認出對境並連結出名相；二、心明白賦予的名相所指為何。

識是無相的，當六根的尋伺處在完全運作、但卻沒有對境時。這出現在甚深的入定狀態中，無論聖者或眾生處在所謂三有之頂的狀態中，這也出現在當心無法識別或命名對境時，好比是遇到了某個東西但卻不能指認的情況，因為心對這個事物沒有任何預先的知識。這是小孩常見的經驗，因為小孩慢慢累積出對周遭環境的認知。相對地，當（同樣，因為缺乏經驗）意不知道賦予的名相所指為何時，舉例來說，當聽到不懂的語言時，意也是無相的（要注意的是，無相之識並不會指稱純粹被剝奪的感官刺激，舉例來說，當我們身處黑暗中張大眼睛，或置身在隔音的房間中，在這些情況下，根的確有對境——分別是黑暗與無聲）。（參見《智者入門》，九—十頁）

93 「果乘諸地數量的不同體系，純粹是三身或佛之功德不同面向的標示方法而已，這些體系並不會暗示進展，如顯教因乘的情況（即見道與修道的菩薩十地）。」（《功德海》卷一，五二七頁）

94 「事實上，常被指稱為『法』的，並不是某些實存的個體，僅是有學道與無學道上個人心中的了悟功德而已。」（《功德海》卷一，五二八頁）

95 「聲聞聖者去除了對五蘊與其他現象是恆常、獨立個體的錯誤觀念，他們了知這些是暫時的、僅是五大的聚合而已。他們也去除了人我，人我無非是耽著境而已，因此聲聞聖者免除了煩惱障。此外，辟支佛，了悟到感知的空性，但並非感知意識的空性。殊勝的菩薩了知輪迴與涅槃中的一切現象宛如虛空，本初即離於一切概念的造作。菩薩知道甚至連這兩個耽著境的名相：即兩種我（人我與法我）也不存在。就這樣，菩薩具有無礙的能力，能遣除兩種障。」（《功德海》卷一，五二八頁）

96 參見《功德海》卷一，五二九頁。

97 「一、在（小乘）加行道上，修行者明確地獲得了聲聞性，所以此地稱做性地（rigs kyi sa）。
二、在「預流向」的次第，稱做第八地（brgyad pa'i sa）（請注意這指的是聖者的第八地）。
三、在「預流果」的次第，稱做見地（mthong ba'i sa），因為修行者首度通達了四聖諦的意義。
四、在「一來果」的次第，稱做微薄地（srab pa'i sa），因為住於此地的眾生除了三種最細微的欲之外，已經捨棄了每一種欲。

五、在「不還果」的次第，是離欲地（'dod chags dang bral pa'i sa），因為修行者已經捨棄了所有的九種欲。

六、住於已辦地（byas pa rtogs pa'i sa）的阿羅漢，因為已經成辦了所有成就目標，此時生起了現智，所有三界相關的障都已盡除，從此再也不會有輪迴的投生。

七、一來向、不還向與阿羅漢向的聖者，住於聲聞地（nyan thos kyi sa）。

八、最後，除了上述之外，第八次第的向、果合為一地，如同緣覺道所證得的果位，稱做緣覺地（rang sangs rgyas kyi sa）。」（《功德海》卷一，五三二頁）

98 這裡指的是「外僧伽」，而「內僧伽」則由空行、勇父，與智慧護法所組成。

99 「教法也必須捨去，如同已登彼岸便將船筏留下一般。當聲聞乘中的滅諦被描述為滅除的狀態時，一切道諦的和合面向是變化與究竟不實的。最後，三種形態的僧團仍會有一些必須棄捨的蓋障（因此無法完全免於懼怕）。所以唯一與究竟的皈依，是佛果（即我們自身的成佛）。」（《功德海》卷一，五三七頁）

100 「除了前述所確認的三寶之外，壇城中的主尊被認定是佛；四部密續或六部密續，以及生起次第與圓滿次第的修行，是法；而空行、護法，以及住在二十四聖地、三十二地與八大寒林的護法，則是僧。」（《功德海》卷一，五三九頁）

101 「這五徑在吉美·林巴自撰的《功德藏》釋論《二諦乘》（*bden gnyis shing rta*）中有提及（譯注：這是吉美·林巴自撰的兩本釋論之一），但我在其他地方都沒有發現相關討論。依據我從上師處所得到的解說，夢徑指的是熟睡之後的時段，此時處於染污的無念意識狀態，與地方、心念、他人相關的各種概念紛飛，快速地接續出現。習氣徑指的是早已結出完全成熟果報的業，所留下的本能痕跡，仍會藕斷絲連，顯現為對地方、心念、無論上三道或下三道曾經投生過之六道的憶想。業徑指的是吾人曾經有過之物質形體，所造善業、惡業、或不動業的引業。不定感徑指的是投生中陰時因六種不確定所產生的各種痛苦。不定因果徑的意思是，雖然善業與惡業從不虛耗，且永遠因為無誤的緣起而會成熟為特定的果報，但在成熟的果報上會現出某些差異，為此這些就是和合的現象。舉例來說，假如某個造惡者做了適當的懺悔或是採用了其他強大的對治，他所造之業的完全果報就會減弱。相反地，一個善業（即受到俱生不淨觀影響的善業）可能滿懷怒氣，結果其果報就不會成熟。」（《功德海》卷一，五四四頁）

102 這表示皈依是道的基礎，藉此惡業將會接連被清淨。但這並不表示透過皈依的行為，就能自動、瞬間地去除惡業。

103「這麼說並沒錯，吾人可能流轉為所謂的七十護法，或其他需要被承許才能成為的佛教護法。如果沒有同時依止三寶就信任這些護法，或認定他們比三寶優越，都是不正確的。但如果吾人向他們獻供，猶如對待幫助精神修持之友人的方式，認為他們是佛行事業的代理人，這樣不僅不會有問題，還有極大的裨益。」（《功德海》卷一，五五八頁）

104「就像大象的屍體含有珍貴的牛黃，麝香鹿的屍體含有麝香，即使剃度之人不守任何戒律，也還是比那些沒有受戒的人高上一等。理由是剃度者的先前福德（在他們受戒時所生），仍會有好的果報。在未來，他們將會在三乘的其中之一證得不還果。這是因為佛陀往昔願力所致。」（《功德海》卷一，五六〇頁）

105「在死亡的時刻，吾人在這一生中所感的任何習氣都會現起。即使吾人從未做過其他修行，在死時憶念三寶，仍極為重要。在《三摩地王經》中說道：『恆時以淨念、淨語、和淨行讚歎佛，若你能嫻熟於此，將可在白日、甚或夜晚親見世尊。當有朝一天，生病、苦痛之後，死亡之苦降臨，你對佛的憶念也不會衰減，痛楚的感覺也不會凌駕其上。』」（《功德海》卷一，五六三頁）

106「即使吾人沒有捨棄三寶，但卻將三寶與外道的老師和教授相比，有了一些遲疑，或是認為兩者之間只有輕微的差異，這已經非常接近於放棄皈依了。」（《功德海》卷一，五六五頁）

107 躔道風，藏文的go la'i rlung，根據傳統的佛教天文觀，這是一條環繞著須彌山的風息帶，支撐著日和月的天宮。

附錄

附錄一：依佛教宇宙觀世間成、壞所顯示的無常

世界的成

無生命之器世間的形成，一如既往，有兩個方向。以虛空為本的一切事物，是從上方開始成形；而以大地為本的一切事物，則從下方開始形成。這一切都是從根基、即五大壇城的產生開始的。在虛空的廣大深處，生起了六種風：攪風、遍行風、粗風*、凝風、成熟風、和離風。這些風有了力量，形成了一種類似十字金剛杵的堅固基礎。在這個基礎上，降下了從雲朵產生的雨，雨中有黃金的內核，產生了水壇城，在水壇城的周邊是一道完全包覆的風。接著，藉由攪風的活化作用，激起了水，在水中固化出一個具強大力量的黃金地基。在這個地基上，形成了山脈，即是四大部洲與各大海。透過伴隨著地大、風大的攪風，以及不同之五大雲層降雨的混合，由四種珍貴物質所組成的須彌山，在中央成形。須彌山的四周，層層環繞著七重山，各山之間是稱作受用海的七大海。最後，在最末一層金山與外圍的鐵峰之間，是一個鹹水海。在四個主要方位與四個中間方位的每一方，稍稍高於各大海之上的位置，產生了世間的四大部洲與八個半洲。

---

* 藏文的rtsubs，通常意指「粗糙」。

現在，在岡底斯山（Mount Kailash）的下方，兩萬里格距離遠的地方，是八大熱地獄的所在。這八大熱地獄重重疊置，一層高於一層。在八大熱地獄北方二十里格處，是八寒地獄。孤獨地獄沒有固定的位置，成組的近邊地獄則在熱地獄的周遭。至於餓鬼，他們主要住在王舍城（Rajgir）*下方五百里格處，次要的住所是在人道與天道之中。畜生出現在大海中或散布在人類、天人的各個國度裡。在欲界的各種天人中，有兩類天人住在地上：第一類，是距離須彌山四大步之遙的四大天王天，位於金山之頂，在日、月、星辰的宮殿之中等等；第二類，是位於須彌山頂的三十三天。最後，欲界的其他四個「天居」天人，層疊排列，一層高過一層，位於須彌山上方的虛空之中。

阿修羅，或泰坦巨人，住在須彌山的裂縫或溝壑之中，從海平面的高度開始，降至黃金地基的那一層為止。然而，某些阿修羅也出現在人道或其他道之中。

色界的十八層天，位於欲界天人上方的虛空中，由仍是凡俗的十二層天人，和其上五層的聖眾淨居天**所組成。某些權威人士認為，在五淨居天中有時也見得到凡夫；這點與眾生從三有之頂開始形成並往下散布的說法相吻合。在五淨居天之上，是色究竟天，即菩薩在證得

---

* 王舍城位於印度比哈爾省，離菩提迦耶不遠，曾是那瀾陀大學的所在地。

** 參見註十四。

三有之頂開始形成並往下散布的說法相吻合。在五淨居天之上，是色究竟天，即菩薩在證得佛果之前最後階段的所住之地。無色界沒有任何顯現之處。

有情的成

由於甘露的降下，風息逐漸在大地中顯現，發展成為蓮花形狀的各種植物。當世界四大的根基成形時，風息的四位女神與水大的許多舞動女神、地大的四位女神、以及四位強大的青年龍族，出現在這些綻放的中空花萼之中。他們歡樂的聲音，喚起了迄今潛伏在三有之頂無色界中的識，使識顯發。這是關於眾生如何出現的一種傳統說法。

另一種傳統說法表示，當未定覺性界中的活動出現時，現起了偶發、各式各樣、虛妄的眾生形象。在《祕密藏續》（*Guhyagarbha-tantra*）中說到：

「奇哉！從如來藏中，
由於念動眾生現。」

為此，由於錯誤與逸離本初根性，無色界[108]中的眾生漸漸往下散布，進入了四無色天之中。除了禪定身外別無一物，空而能知，這些眾生於是住在不同層級的虛空之中。色界的眾漸次分布在不同的虛空層之中，依照不同珠寶的顏色而得名——從空無邊處開始往下，但不包括他化自在天[109]。自此產生了欲界的天人，有了六種欲界天人[110]。四種空居的天人因其主要的愉悅而得名，而兩種地居的天人則因其統治的眾生而稱呼（四天王天與三十三天）。阿修羅的起源來自於某些邪惡的天人，且如前所述，住在須彌山側的裂縫與溝壑之中。南瞻部洲的人類，也就是我們所在的這個世界，源自於（色界之中）光音天的天人，因為他們的福德衰減，所以來到這個地球上，逐漸繁衍開來。那時，他們還能在空中自由來去，有著發光的身體。他們以大樂維生，壽量無限。他們不知有煩惱，以化生的方式出生。從光音天的天人，歷經了極漫長的時間之後，衍生出人類。當他們的壽量與光明衰退，福德減弱，潛藏的染污開始甦醒時，便從較高的天人*處降生了西牛賀洲（Videha）與東勝神洲（Godaniya）以及其半洲的居民；而從三十三天的天人，產生了北俱盧洲（Uttarakuru）和其半洲的居民。當南瞻部洲的人類處在大樂的狀態而散逸時，那時的壽量相當於一千萬年，以卵生的方式出生。當他們的壽量在六百一十萬年時，以濕生的方式出生。後來他們的光消失，因為無明的力量，開始有了黑暗，於是，由於共業的緣故，出現了日、月、星辰，也有了時間的單位和四

* 亦即，這些天人是住在比三十三天還高的天界。

季的變化。那時，就產生了性別的差異。這代表了圓滿時[111]的結束。之後，出現了四種姓[112]，由於三毒之力的緣故，人類開始累積重大的惡業。因此，出現了下三道，住著身為人類時因三毒而造作惡業的眾生。最後，當第一個眾生投生在地獄中時，成劫就結束了。同時，還需要一個中劫來形成世界，以及十九中劫來形成住在世界中的眾生。

世界的住

從擁有無盡的壽量開始，人類逐漸失去壽量，每兩百年減去一歲，直到壽量八千歲為止。在這之後，每一百年減去一歲，直到壽命總計十歲為止。這表示所謂劫初長時減劫*的結束。在這個時候壽量開始又增長，從十歲開始，逐漸每一百年遞加，連續十二階段，直到壽量再度達到八千歲為止。之後，跟先前的程序一樣，壽量又遞減到十歲。一個增長期加上一個衰減期，形成了一個中劫的回轉**。經過了十八次的中劫回轉後，人壽的壽命又再度增長，直到獲得無盡的長壽為止，這時叫做無阻長時增劫***。減劫加上十八次的中劫回轉，由增劫結束，整個構成了二十個中劫，是為世界住的階段。賢劫的千佛全都出現在壽量減少時。相對

* 劫初長時減劫，藏文的ya thog ring mo sgrib pa'i bskal pa。

** 回轉，藏文的khug pa。

*** 無阻長時增劫，藏文的ma thog ring mo 'phel gyi bskal pa。

地，為數眾多的轉輪聖王，只會出現在壽量從無盡減至八千歲的期間。最後，辟支佛會出現在任何時期。

有情的壞

世界之中有情的壞滅，情形如下。壞的階段開始，在住的二十個中劫之後，此時再也沒有眾生投生在地獄道。這時候，所有住在地獄的眾生都投生到上三道之中，不然就是他們產生地獄的業尚未窮盡，便將地獄移至其他的世界體系。同樣的過程，也出現在其他的兩個下三道。之後，北俱盧洲的居民投生在三十三天之中，其他三大部洲的居民則證得了二禪並投生在光音天之中。欲界的天人與住在色界初禪的天人，也歷經了類似的過程。當世界被水摧毀時，所有住在二禪的眾生都證得了三禪。當世界被風摧毀時，住在三禪的眾生都證得了四禪並投生其中。那時，其他所有六道都徹底沒有眾生的存在。

世界的壞

七個太陽輪番現起，從樹木、森林到山脈、四大部洲、以及世界的黃金地基都全數被摧毀。接著火往上冒，吞噬了初禪的天界。然後是雨，將二禪以下的一切都沖走。一切全都消失，如鹽溶化於水中般。接踵而至的風，將三禪天以下的殘渣吹散一空。為何初禪會被大火摧毀？係因為初禪的特性，仍存著分析之念的微細形態，這種狀態「似火」，這就是初禪會被大火摧毀的原因。在二禪仍有對大樂的貪執，這種「似水」狀態，就是為何二禪會被水所摧毀的原因。最後，三禪有一種「類似氣息的吸與呼」因素，這點和風相關，為此三禪會被風所摧毀。四禪沒有這類的過患，所以四禪不會被四大摧毀。但是，四禪之中的眾生還是終將遷移。

世界之中所居眾生的壞滅，歷經十九個中劫的時間，而世界本身的壞滅，則在一中劫的時間裡完成，整個加起來就是二十個中劫。

空的時期

在壞之後，是一段空的時期，持續二十個中劫，在這段期間是一種空洞，如虛空般的狀態。世界的和合體以及其居民，全都消失在非和合的虛空之中。這點，從了義的角度看來，提供了色身如何融入法身界的一種說明。

成、住、壞、空於個人存在中的示現

成、住、壞、空的過程，等同於一個人生存的過程。在《應成續》（*thal 'gyur*）中說道：

「事實上，壞、成，住、空
皆可見諸存在之構成，
猶如生、老、病、死。」

死時的明光，顯現在肉體死亡之後，等於非實存的虛空壇城。在其光明之中，是無礙、變化萬千的特性，有一種命息的動力，其本身具備了四種行相，於是對地、境、身三者的概念*，便開始攪動起來。這些概念都是未定的、不太明確的，伴隨著不確定的苦樂感受，這相當於風的壇城。由於被愛所主宰，意識便抓取了父精母血，轉而形成了隨後肉體生命的物質成因；這就好比是雨的降下。五種氣，尤其是業氣，等同於攪風，持續地改變胚胎，促使胚胎經歷了五種發育的階段（在懷孕的最初五週內），這就對應於地的壇城。從胚胎的純淨精髓，形成了三個主要的微細脈，在身體的中央往下流動，其間有六個脈輪，這六個脈輪就如同六道。剩下的物質則形成了手臂、雙腿和其更小的附肢。接著，在身體的每個感官裡，形

* 地、境、身三者，藏文的gnas don lus gsum。

成了完美的透澈感知能力[113]，類似天道的排列。當此境出現時，從每個人的阿賴耶中，七種意識的心理活動逐漸成熟，這等於是劫的形成。隨後，輪流經歷了順、逆；青壯、健康被疾病、貧困的不適所取代。在一段穩定期之後，四大衰滅，我們被年老的重擔壓垮。我們被許多痛苦折磨，直到生命的終點到來，這相當於是劫的住。在這之後，當四大逐漸收攝後，心理活動中隱含較粗重的二元經驗停止了，這是收攝的微細階段。紅明點，具有火的本質，也收攝了，止息了一切微細的顯相。然後是白明點、帶著水的本質，收攝了，止息了增相[114]。最後，最微細的命氣也停止了，涵攝在心識之中的一切現象、有生命或無生命的，全都消失了，這等於是劫的壞。這時，和合的五蘊、五大、和感知能力都停在法身境界、非和合的覺性明光之中，這就等於是劫的空。但除非涉入主、客之分的二元念頭，透過禪修本淨界、解脫之基而消融，否則存在的機制仍會歷久不衰地持續循環下去。

成、壞過程的永續不斷

再次地，在世界的空時期之後，又開始了另一個成的階段。就三千大千世界的情況而言，在目前的賢劫之後，將會有六十個無佛出世的暗劫。然後，會是無數劫的無數諸佛出世，如是這般、永無止盡。根據密續的說法，以無邊的毗盧遮那佛無盡海（Buddha

Vairochana Gangchen Tso）來象徵無盡的世界。在毗盧遮那佛結平等印的雙手上，是一株有著二十五朵蓮花毗鄰而上的花莖，在每一朵蓮花上，都有一個佛國，從最上面數下來的第十三層，也就是在祂心間、也是所有蓮花的中央位置，是娑婆世界[115]，即我們的佛國或世界所在。這個世界已經形成，也將會在虛空的胎藏中被毀壞，就像往昔數不盡的世界一樣。而且，在十方的無盡虛空中，也同樣會有無數的世界形成且毀滅*。

（摘錄自堪千・雍滇・嘉措的釋論《功德海》卷一，一〇〇－一一〇頁）

* 參見姜貢・康楚・羅卓・泰耶所著的《寰宇》一書，有一些關於佛教宇宙觀的描述，是採用了阿毗達磨、《時輪金剛續》，以及大圓滿的觀點。

附錄二：中陰

四種中陰

藏文的中陰一詞，意指「在中間」、一種中介的狀態。在一個生命的週期中，由四種主要的中陰狀態所組成。此生的自然中陰在出生時開始，持續到死亡爲止。臨終的痛苦中陰是整個死亡的過程，當不可逆轉的死因出現時就開始，在呼出最後一口氣時結束。這時，五種氣逐漸消失，相對應的五大也收攝入本性、死時的明光之中。身、心分離，現起了光明的法性中陰。如果亡者的意識無法認出法性中陰顯現境相的本性，這些境相就消失無蹤，便開始顯現出投生中陰。五大的氣從無明的遍入氣中再度現起，並與意識結合，產生了意生身。習氣與攀緣一如過去般頑強，死者的意識必須歷經恐怖的投生中陰經驗，直到投生（即入胎）到下一生爲止。投生中陰以六種不確定著稱。

（英譯者註）

投生中陰的六種不確定

地點的不確定：中陰的意生身不受任何阻礙，完全隨意行動。

棲處的不確定：中陰的眾生到處尋找庇護之所：佛塔裡、寺院裡、橋下等，但無力停留在任何一個地方。

行為的不確定：除了短暫的特性外，意生身的活動相當難以預料。

食物的不確定：雖然中陰的眾生能夠感知到六道眾生所食用的各種食物，好或壞，但卻無力攝取這些食物，除非是特地迴向給他們的東西。事實上，他們只能吸取燃燒餗供供品時的氣味。所以，當為亡者舉行每週的做七法會[116]時，修持者要以清淨的發心和不動搖的禪定，做許多次供品的迴向是很重要的。

同伴的不確定：意生身只會經歷短暫的偶遇；除此之外，並沒有固定的眷屬。

心理狀態的不確定：有時快樂，有時被痛苦襲捲，意生身不斷地變動著，不會有足跡，也沒有影子。

這就是六種不確定的現起，短暫、稍縱即逝。中陰者飽受恐懼、飢渴的折磨，就像風中的羽毛在各處漂移、疲累不堪。因為缺乏脈的結構，氣的運行不受控制，意識也無力控制氣的運行，彷彿騎在一匹瞎馬上。因為沒有菩提心的內在日、月[117]，中陰的眾生感知不到外在的日、月，只看得到五種微細氣的光度，宛如黎明的微光般。處在中陰的昏暗中，就像日出時的半亮狀態，亡者被肉食動物追趕著：厲鬼、凶猛野獸，無非都是他們內心的習氣所化現出的形象。他們被暴風雨、傾盆大雨、暴風雪困住，感到無所遁形。他們覺得親朋好友正以甜言蜜語在呼喚著他們，但當他們一靠近，這些親友就變成了厲鬼和幽靈。除了充滿恐懼外，他們想尋找可躲藏之處。中陰眾生的意識極為敏銳，他們的感受也等比例地更為激烈與強烈。但無處可逃，無處可去。他們沒有朋友，對意生身來說，也毫無棲身之處可言。為此，我們可以瞭解那些從未修行佛法者的磨難。那些修行佛法的人，以及那些積聚福德的人，就毋須恐懼。不論到哪兒，總會有東西送給他們，也都有溫和的同伴隨行著：現起的都是愉悅的境相。

在中陰時，會聽到四種可怕的聲音，是四種氣的表現。當地大的氣再度浮現時，會聽到一種猶如山崩的巨響；當火大的氣再度浮現時，會聽到一種森林大火的聲音；當水大的氣再度浮現時，會聽到一種怒海奔騰的聲音；當風大的氣再度浮現時，會聽到一種強風呼嘯的聲音，就像劫末的風一般。中陰的眾生被嚇壞了，他們驚恐地不斷想要找到一個安全之處躲藏起來。他們之前做過的任何壞事，例如殺生，都會在中陰現形，他們被窮追不捨、傷害、痛毆。另一方面，曾經幫助過的眾生，也會在中陰出現，協助並保護他們。也會出現三種可怕的深淵，白灰、暗紅，與黑色，是貪、瞋、癡的化現，中陰眾生會害怕摔入這些斷崖絕壁下。

如何利益中陰眾生之意識

在中陰的第一個星期，前一世的習氣仍非常強烈，因此幫亡者做立即的善業且舉辦合宜的做七法會，是很重要的。如果法會以清楚觀修、不散亂的正確方式來舉行的話，亡者就會有清晰、樂意的經驗，他們也會有意願待在某個地方。但如果修持者的內心是散亂的，且法會的進行並不清淨，那麼亡者的內心就會變得煩躁，一段時間之後，當恐懼漸增，亡者就會不由自主地離去。

法教上曾說，如果一位慈悲的上師以清楚的定力，幫助具誓弟子清淨地做這種甚深的法會，亡者（在中陰時能感知且容易被影響）將會有很好的所依，並有清楚的意識，能在上師的心性直指之下，獲得證悟。這並不常見，是金剛乘的速道。而且，據說如果這位上師在一些微不足道的東西下功夫，例如過世許久之人的一塊骨頭灌頂，或僅是念出那個人的名字並念誦陀羅尼和咒語，那人的意識就能清淨業障，並能從下三道中解脫出來。

如果上師將法會的功德迴向，並為了死者做清淨的發願，那麼藉由上師圓滿發心的力量、藉由法界的力量（法界雖然沒有實質的存在，但卻圓成一切）、藉由佛陀悲心的力量以及法身的加持與亡者的自性和每位眾生的自性無別之故，最後藉由圓滿的功德迴向與發願，在中陰的那個人就能夠免於先前業力成熟的果報，這些業報將會被延遲，被上師所做的業所覆蓋。其結果，即使這個人應當投生在下三道之中，但仍能被引導前往上三道，就像某人能夠因為朋友的勸告而改變方向一般。

在中陰七週內的每個第七天，亡者就會重新經歷死亡當時的痛苦，為亡者所做的法會能夠免除這個痛苦。如果吾人的觀想很清楚，並有清淨的發心，那麼死者就會受益。如果情況相反的話，他們就會受害。

（摘錄自雍滇・嘉措的釋論《功德海》卷一，二二三－二二八頁）

附錄三：四聖諦

四聖諦的根本要義

四聖諦（bden pa bzhi）的要義與行相[118]，列舉如下：

一、苦諦（sdug bsngal gyi bden pa）相當於一切輪迴的現象，亦即，外在的世界和其所住的眾生。苦諦顯現為四個行相：由於每個剎那都有苦諦的產生與止息，因此苦諦是無常（mi rtag pa）；由於一切由苦諦所產生的感受都在苦的範疇內，因此苦諦是煩惱（sdug bsngal pa）；雖然苦諦適用於「自身所有」，事實上卻沒有自我可擁有苦諦，因此苦諦是空（stong pa）於自我的；相反地，由於在苦諦中找不到所謂的自我，因此苦諦本身[119]是無我（bdag med pa）的。

二、集諦（kun ’byung gi bden pa）與煩惱（貪、瞋、癡）及煩惱所生的業（善業、惡業、不動業）有關，引致輪迴。集諦也有四個行相：由於業和煩惱是苦持續的泉源，因此業和煩惱是集諦的集（kun ’byung）；由於業和煩惱是諸苦的根本，業和煩惱是集諦的因（rgyu）；由於集諦快速地生起強有力的苦，因此集諦是生（rab skye）；最後，由於集諦構成了我們受苦的環境，因此集諦是緣（rkyen）。

三、滅諦（’gog pa’i bden pa）是苦的解除與奉行修道的開始。滅諦也是苦諦與集諦止息、勝義諦的基礎。同樣，滅諦也有四個行相：由於滅諦中斷或止住苦與往後的集，因此滅諦是滅（’gog pa）；由於滅諦是一切妄念的消滅，因此滅諦是寂（zhi ba）；由於滅諦是殊勝的圓滿，因此滅諦是妙（gya nom）；最後，由於滅諦是不可逆的輪迴解脫，因此滅諦是離（nges ’byung）。

四、道諦（lam gyi bden pa）指的是五道：資糧道、加行道、見道、修道、與無學道（雖然有些教派認為道諦指的僅是見道與修道）。再次，道諦也有四個行相：由於道諦引領至更高的層級，因此道諦是道（lam）；由於道諦是煩惱的對治，因此道諦是如（rigs pa）；由於道諦是無誤心境的因，因此道諦是行（sgrub pa）；最後，由於道諦引領至恆常的解脫痛苦，因此道諦是出（nges par ’byin pa）[120]。

「四聖諦」一詞之意

據說在法教中提到：「四聖諦為真理，因其如法，且了知四聖諦為解脫之因。」四聖諦為真理，因為佛陀依實際的情況宣說了四聖諦。當心能理解被宣說出來的四聖諦時，心是無誤的，所以四聖諦為真理，從吾人了解四聖諦的角度來看也可以成立。但值得注意的是，唯有聖者才能夠瞭解真正的四聖諦；相對地，即使苦、集等等，是凡夫經驗的一部份，但凡夫卻無法認出其真實的樣貌，事實上還顛倒誤認四聖諦。因此，這些諦被稱為聖諦，或「聖者之諦」。對凡夫來說，並不認為四聖諦是真理。

四聖諦順序之說

有兩種闡述四聖諦的方式：一種是根據彌勒菩薩在《寶性論》（*Uttaratantra*）中所述的瞭解過程：「疾病須診治，病因須去除，健康得恢復，為此須服藥。苦、集、滅、道同，須認、棄、成、修。」（譯注：在漢譯的《究竟一乘寶性論》卷四，此處譯為「知病苦知因，遠離彼苦因，說聖道妙藥，為離病證滅。」）因此，透過認出苦的真正特質，將會生起逃離輪迴的決心，當實現了這個願望而摒棄集諦、並了悟其止滅時，就實踐了道。

第二種闡述四聖諦的方式，是根據因、果的兩套時間順序。因此，輪迴的因是集諦，其果是苦諦；涅槃的因是道諦，其果是滅諦。

（摘錄自雍滇・嘉措的釋論《功德海》卷一，二九〇—二九三頁）

附錄四：五蘊

色的定義是可散之物；受是清楚的經驗；想是對現象特性的認知；行是不屬於其他四蘊的因與緣；最後，識的定義是對外在對境與內在心境的覺知。

一、色（gzugs），從因相上來說，色相當於四大：地、水、火、風。從果相上來說，色相當於五根和五境，並加上所謂的無表色（rig byed ma yin pa）；前十種很容易瞭解，最後一項，僅是有部（另譯毗婆沙宗）所主張。在《阿毗達磨俱舍論》中對無表色的描述如下：

「有三種無表色：誓言、非誓言，與其他。」在此處，「誓言」指的是將吾人約束在善業上，「非誓言」指的是對惡業的承諾，而「其他」指的是非有意地造作善業或惡業，這第三種無表色屬於「中間性質」。這些色都來自於身、語的主要四大；即便處在無意識或非有意的狀態中，仍然一直存在著。但經部、唯識、和中觀，都沒有提及無表色。

二、受（tshor ba）有三種：愉悅、痛苦、和中性。

三、想（'du shes）分為小、中、大*。

* 這指的是欲界、色界，和無色界中的想。

四、行（’du byed)，有「心所法」（換言之，與心相關）與「不相應行法」（與心或色皆無關）。心所法包含了四十九種心所，若再加上前述的受、想，總共是五十一心所。

這五十一種心所法，可分成六組：

（一）、五遍行（kun ’gro lnga）。

（二）、五別境（yul so sor nges pa lnga）。

（三）、十一善法（dge ba’i sa mang bcu gcig）。

（四）、六根本煩惱（rtsa ba’i nyon mongs drug）。

（五）、二十隨煩惱（nye ba’i nyon mongs nyi shu）。

（六）、四不定法（gzhan ’gyur bzhi）。

● 五遍行之所以稱為遍行，因為遍及一切的心理活動以及每個認知。分別是：

1.受（tshor ba）：有關愉悅、痛苦、和中性的經驗，因此受是貪、瞋的基礎。

2.想（’du shes）：對特定對境的理解，如劃分或辨別與其他事物的差異。在意識的層面，想是對身份或名相的認知；在感知的層面上，想是對五塵的抉擇[121]（這些是主觀的經驗，因此是歧見與爭議的基礎）。

3.思（sems pa）：心對特定對境的動念與清楚理解，這是一切後續行為與涉入的基礎。

4.觸（reg pa）：對境、五根、和意識的聚合，這是受的基礎。

5.作意（yid la byed pa）：心對客體的穩定關注，這是定的基礎。

● 五別境，跟特定的對境有關，分別是：

1.欲（'dun pa）：心藉此對出現在六塵之一的對境產生強烈興趣。欲是對過去經驗的懷舊，對當下經驗的著迷，以及對未來再度經驗的渴望。欲是精進的基礎。

2.勝解（mos pa）：心藉此來品味對境的特質，喜歡此對境，並牢記對此對境的念頭。

3.念（dran pa）：讓心不會迷失或忘卻其對境的心所，這是散亂的相反。

4.定（ting nge 'dzin）：專一的心念定力，能專注在某個對境上，這是正智的基礎。

5.慧（shes rab）：能夠抉擇與闡述現象的能力，遠離懷疑與遲疑。

● 十一善法，能使五遍行、五別境、及四不定法擇取善相，因而創造了自己和他人的快樂。分別是：

1.信（dad pa）：在此，信是一種免於主要、次要煩惱染污的心境，是一種相信何者為純淨、真實的心態，例如，對於因果業報與三寶功德的信心。這是欲的基礎。

2.慚（ngo tsha）：一種關乎對、錯的內在與個人感覺。這是因佛法或個人良知而避免造惡的衝動；這是自律的基礎。

3.愧（khrel yod)：感受到他人的想法與感覺，導致為了他人而避免造惡。這也是清淨戒律的基礎。

4.不放逸（bag yod）：一種關乎善行和避免煩惱的謹慎，不放逸培養出相對與究竟的美好。

5.輕安（shin sbyangs）：一種身、心的靈活傾向，防止僵化，並通往美好、有益的目標。

6.行捨（btang snyoms）：一種安靜、清楚的心境，離於昏沈或掉舉，免除了貪、瞋、癡的情緒干擾。

7.無貪（ma chags）：渴求存在、世俗資財的相反或對治。

8.無瞋（mi sdang）：瞋的相反或對治。無瞋本身是慈愛，戰勝了對眾生與痛苦情境的敵意。

9.無癡（gti mug med）：癡的相反或對治。無癡是一種心的清明與敏銳，去除了對所知（譯注：這裡是指能所的所）的迷惑。

10.不害（mam par mi 'tshe ba）：不能接受他人就應當受苦，是一種對他人苦難的慈悲態度。

11.精進（brtson 'grus）：對善業的欣賞與喜悅。必須嚴格區分精進與對不善之事的熱衷、或與佛法無關之事的熱衷。精進能帶來善德的成就。

二十六種不善的心所會產生心的混亂或干擾。在這些心所之中，有某些心所相當明顯，例如瞋；而當任何人試著禪修時，就會發現懶散和昏沈造成的問題。這些不善的心所、或煩惱，可分成六種根本煩惱和二十種隨煩惱。根本煩惱是所有情緒衝突與心理扭曲的原因，也正是根本煩惱造作了惡業。這些根本煩惱會輪流產生輪迴的痛苦。隨煩惱是根本煩惱的行相，伴隨著根本煩惱、依根本煩惱而起。

● 六根本煩惱

1.貪（'dod chags）：一種渴望某個東西並想要擁有的心態。這是一種迷妄的狀態，由此產生了一種只是將對境當作滿足與享受來源的關係。貪是不滿的基礎，與慈愛和悲心相對，完全不顧他人的福祉，貪是自我中心的，只在乎主體自身的滿足而已。嚴格來說，貪也包括了心對於三界之中不淨五蘊的攀緣。

2.瞋（khong khro）：當對境是令人不悅時所生起的一種迷妄狀態。瞋是一種忿恨的心態，無法忍受某事或某人，並想要以某種方式去除或破壞激怒的來源。瞋會使內心變得粗劣，也是惡業的成因。

3.慢（nga rgyal）：一種優越感且執迷於自我的形象。慢是一種建立在「我」和「我的」錯誤認知上的迷妄，並生起重視自我和優異的感覺。慢引發對他人的不敬，使得殊勝功德的成就變得不可能。

4.癡（ma rig pa）：一種無知的狀態，當心在面對事物的本質，如業報、四聖諦、三寶等欠缺清明時，癡就現起。癡是其他一切煩惱現起的緣。

5.惡見（lta ba nyon mongs can）：抱持無明的錯誤見解，舉例來說，對於自我真正狀態的錯誤見解，也是一切錯誤心態的基礎。有五種主要的惡見：

1.身見（'jig tshogs la lta ba）：藉此五蘊（是短暫、和合的）被認為是恆常與單一的

「我」和「我的」。身見是其他所有邪見的基礎。

2.邊見（mthar 'dzin pa'i lta ba）：這些邊見包括了常見（相信有一個不變的自我和法我）與斷見（相信死後蕩然無存）。

3.見取見（lta ba mchog 'dzin）：相信自己的（錯誤）見解是殊勝與放諸四海皆準的。

4.戒禁取見（tshul khrims dang brtul zhugs mchog 'dzin）：相信無效體制的戒律或道德觀是殊勝的，事實上這些見並無助於產生希求（解脫）的作用。戒禁取見也包括了極端和無用苦行的修行、殺生獻祭、甚至是對佛教戒律的傲慢執著，這會阻礙精神上的進展。

5.邪見（log lta）：抱持著與實相相反的見解，例如，否定已然存然的存在，如表示沒有因果業報這樣的事情；或是把不存在的說成存在，或是相信有造物主的存在。

6.疑（the tshom）：一種猶豫的狀態，傾向於邪見並阻礙了良好心態的增長。

● 二十隨煩惱來自於六根本煩惱，經常在心中現起，但主體並未察覺到它們。然而，二十隨煩惱各有作用並以特定的方式行使著。

1.放逸（bag med pa）：認真的相反，這是一種輕忽的、放縱的衝動，對行善去惡的需求絲毫不顧。放逸是惡多過於善的情況，也是消解善德的一種心所。

2.懈怠（le lo）：勤奮的相反，是對當下舒適的執取，與努力向善的失敗。

3.不信（ma dad pa）：對值得信任的對境缺乏信心或敬意。

4.昏沈（rmugs pa）：讓心陷入一種無感的狀態，因此無法清楚理解對境；昏沈會導致身、心的沈重與昏睡。

5.掉舉（rgod pa）：一種焦躁或散失的狀態，由於貪執，使心偏離了專注的點而投向其他的對境。

6.無慚（ngo tsha med pa）：對內在道德感的擱置，無慚是一切根本與支分煩惱的助緣與前導。

7.無愧（khrel med）：透過輕忽而缺乏自制，藐視他人的意見與感受。

8.忿（khro ba）：想要施加傷害，或報復所受到的傷害。

9.恨（'khon 'dzin）：對過去所受傷害的懷恨，使相關記憶在心中縈繞——即持續性的瞋怒與怨恨。

10.覆（g yo）：為了自身財富或利益，而掩飾、欺瞞的一種心態。

11.惱（’tshig pa）：促發惡意言語的一種心境，由瞋或恨引起，是惡口的前導。這會摧毀自己和他人的快樂。

12.嫉（phrag dog）：不能忍受別人的福運，是一種因貪執自身名聲與物質所得而引發的心態。嫉同時帶有瞋怒與怨恨的性質。

13.誑（’chab pa）：一種拒絕承認自己過錯的心態，且當別人指出或說出這些過錯時，拒絕去面對。

14.慳（ser sna）：佔有欲，抓住東西並拒絕放手的心態。這不僅是指物質的東西，甚至也包括了法教。

15.諂（sgyu）：對自己不具備特質的想像與誇耀，因對資產或名聲的欲望而引發。

16.憍（rgyags pa）：跟自身福運、美貌等相關的一種傲慢或自滿；憍會產生一種空洞的自信，也是主要和次要煩惱的入口。

17.害（rnam par 'tshe ba）：一種惡毒的心態，刻意造成別人的痛苦。

18.失念（brjes nges）：不僅是記憶的淪喪，也看不到良善的對境，並輕忽地讓心游離到不善的方向。失念是散亂的基礎。

19.散亂（rnam par g yeng）：心對客體的分散，而非專注在善的點上。

20.不正知（shes bzhin ma yin）：一種對自己身、語、意行為缺乏覺知的疏忽。

● 四不定法之所以稱為不定法，是因為這些特質會因為其他善或不善心所的影響而改變。雖然在此只提及四種心所，但這種不定性也出現在遍行與別境的心所上。

1.眠（gnyid）：這是六識往內縮且心不再察覺身體的狀態，眠受到了身、心清醒時活動的影響，對應地成為有益或平靜、焦躁或煩惱。

2.悔（'gyod pa）：一種和過去行為相關的悲傷或焦慮心態，如果那個行為是惡的，悔就是有益的特質；如果那個行為是善的，則是相反。

3.尋（rtog pa）：心對客體的一種全盤印象生起的心所。

4.伺（dpyod pa）：對客體的縝密觀察，帶著一種對客體的清楚看法。尋、伺的善或不善，依其對境而異。

這所有的五十一心所（sems byung）有別於心王（gtso sems），但以五種方式接近心王，為此被說成是心王的相應（mtshungs ldan）。因此心王與心所具有：

1.所依平等（rten）：因為心王與心所的存在，皆依同一感官而起。

2.所緣平等（dmigs pa）：因為心王與心所總是指向同一對境。

3.行相平等（rnam pa）：因為心王與心所都感知到某一對境的同一行相。

4.時平等（dus）：因為心王與心所都出現在同一時間點。

5.事平等（rdzes re re bar mnyam）：因為在任一時間點，只會有一個心王和一個心所。

心王與心所之間的關係很微妙，一般來說，心王是理解對境根本現起的識，而心所則理解、反應此對境的特定行相或特質。就這方面而言，心王與心所的關係等同於建築工地中工頭與工人的關係。工頭留意每位工人正在做的事，但卻不用參與後者的特定工作。通常，有數不清的心所；在《大乘阿毗達磨集論》中，無著（在此所引用的權威觀點）列出五十一個最主要的心所。*

有無數的不相應行法，其中有二十四個最主要的，依序如下：得、非得、眾同分、無想定（亦即，在天界中）、滅盡定、無想、命根、生、住、老、無常、名身、句身、文身、異生性（亦即，缺乏修道行者的殊勝功德）、流轉、定異、相應、勢速、次第、時、方、數、和合。

五、識（rnam par shes pa）：聲聞與大多數的中觀學派都主張六種識（五種非概念的根識：眼、耳、鼻、舌、身，以及意識，用以分辨特定對境如此這般）。唯識、其餘的中觀學派、密咒乘法教的行者都主張八種識，除了前述的六識外，再加上染污的末那識，末那識向內連結阿賴耶，不斷地設想「我」、自我。這個末那識在聖者的禪修中找不到，但在凡夫的心續中卻永不停歇。最後，是阿賴耶識（梵文的alayavijnana、藏文的kun gzhi rnam shes），阿賴耶識僅是知、一種非特定的理解，阿賴耶識的對境是普遍與不受限的。

* 在《阿毗達磨俱舍論》中，世親列出了四十七個心所。

由於識是未來痛苦的根源，五蘊闡明了集諦。既然識是過去業的產物，識闡明了苦諦。由於識是染污的因，識是集；由於識是染污的果，識是苦。不過，所有的「集」必然是「苦」，但並非所有的「苦」都是「集」。無生命的世界（是染污的業果但）不是（未來之苦的）集。

（摘錄自雍滇・嘉措的釋論《功德海》卷一，三五五—三五八頁。但雍滇・嘉措堪布僅是列出了五十一心所而沒有說明。因此加上了定義，以世親的《阿毗達磨俱舍論》和米滂仁波切的《智者入門》為本）

附錄五：佛的證悟功德

諸佛的功德來自於諸佛的證悟，分別是：五眼（spyan lnga）、禪觀的力量，是諸佛善業完全成熟的果報：一、肉眼：能見三千大千世界一切色相、無論粗細的能力；二、天眼：能知一切眾生的生、死之智；三、慧眼：了知人無我與法無我；四、法眼：具八萬四千法門之智；五、佛眼：遍知。

六神通（mngon shes drug），透過禪定而成就：一、神足通：依眾生所需示現神通的智慧與能力，例如能將物體不可思議地倍增；二、天眼通：能知一切眾生的生、死之智；三、天耳通：能聽見三千大千世界一切音聲的能力；四、宿命通：了知自己和他人過去累世的智慧；五、他心通：了知他人心意的智慧；六、漏盡通：盡除垢染的智慧，亦即，業與煩惱皆已盡除。

十自在（dbang bcu），因十自在而無事不成辦：一、命自在：若諸佛願意的話，能活著長達一劫，甚至更久的時間；二、心自在：依照眾生的願望，諸佛能入定或出定；三、資具自在：諸佛能變現任何一種、任何數量的物體；四、業自在：諸佛精通每一種藝術與技能；五、受生自在：諸佛能選擇出生在六道的任何一道；六、解自在：諸佛能示現出遍滿佛的三千大千世界；七、願自在：諸佛能夠聽見並圓滿一切眾生的祈願；八、神力自在：諸佛能將整個世界放進一粒芥子等等；九、智自在：諸佛能夠證得遍知；十、法自在：諸佛能夠教導一切的法，沒有任何障礙。

四總持（gzungs bzhi），四總持的本質是無礙念力與殊勝智慧，第一種總持是瞭解的能力，僅僅是憶念一個詞，就能知道一切現象是無生的（譯注：忍總持）；第二種是咒總持，諸佛具有創造一個組合，並以禪定和智慧加持此組合的能力，於是這個組合就成為效力長達一劫的咒語；第三種是法總持，能夠憶持而不忘記法教任何一字的能力；第四種是義總持，能夠無誤憶念一切法教意義的能力。

十力（stobs bcu）：十力的定義，是能無礙地認知一切的所知：一、了知何者為是（如善業導致快樂的觀念）與何者為非（如善業帶來悲苦的看法）之力（譯注：在《瑜伽師地論》四十九卷中，譯為處非處智力）；二、了知業完全成熟果報之力（了知詳盡的全部因果業報以及特定的業果關係）（譯注：自業智力）；三、了知眾生不同根器之力（譯注：根勝劣智力）；四、了知眾生不同類型（指眾生的不同潛能，如適合接受聲聞法教者）與五大（地、水、火、風、空）之力（譯注：種種界智力）；五、了知眾生不同興趣之力（眾生受持廣大與甚深法教的祈願）（譯注：種種勝解智力）：六、了知一切修道之力，如上三道與下三道的修道、解脫道等（譯注：遍趣行智力）；七、了知一切三摩地與解脫之力（了知每一種可覺察的定，亦即，四禪與八解脫*）（譯注：靜慮解脫等持等至智力）；八、了知過去累世之力（能憶起一切眾生無數的過去生，無一例外）（譯注：宿住隨念智力）；九、了知眾生的生與死之力（了知每一眾生死後的投生之處）（譯注：死生智力）；十、了知垢染盡除之力（了知煩惱障、所知障以及相關的習氣悉皆去除）（譯注：漏盡智力）。

四無畏（mi 'jigs pa bzhi），能面對諸佛所宣說關於自、他事物的一切敵意。當遇到敵意時的無畏，包括了：一、宣說諸佛的圓滿證悟（譯注：一切智無所畏）；二、宣說諸佛的圓滿斷除功德（譯注：漏盡無所畏）；三、為了他人之故，宣說聖道能臻至解脫（譯注：說盡苦道無所畏）；四、為了他人之故，宣說修道上的障礙（譯注：說障道無所畏）。

四無礙智（so so yang dag par rig pa bzhi），以一切方式來利益眾生。四無礙智是：一、法無礙智：了知不可思議之無盡法教的所有文字，而不會混淆的圓滿智慧；二、義無礙智：了知傳達這些法句的所有義理，而不會混淆的圓滿智慧；三、詞無礙智：當傳法予他人時，具表達方式的圓滿智慧以及通曉一切語言的智慧；四、樂說無礙智：透過無限的智慧與能力，即使要花上一劫的時間來解說一個要點，也永不耗竭的圓滿智慧。

---

* 參見附錄七（二六五頁）。

十八不共法（ma 'dres pa'i chos bco brgyad），是聲聞與阿羅漢所沒有的功德，其中六項指的是諸佛的行為：一、諸佛身的行為沒有染污（譯注：身無失），這表示諸佛不同於行為仍顯現某些過失的聲聞、阿羅漢、與緣覺，舉例來說，後者可能會不小心踩到一條毒蛇，因為後者仍未斷除習氣障的緣故；而諸佛的每個舉動，無論小至眼睛的張閉或四肢的伸展，都是為了利益他人。二、諸佛的語不刺耳、不唐突（譯注：語無失），聲聞在霧中迷路時可能會大叫，或吵鬧地大笑，但諸佛不會這樣；即使是諸佛打噴嚏或清喉嚨，都具有利他的性質。三、諸佛從不失去正念（譯注：念無失），聲聞可能會忘了他們應該去做的某件事，也因為聲聞的神通作用，他們必須特別專注在思慮的對象上，可能不會留意到一些迫近的危險。另一方面，諸佛的行為總能恰到好處，且諸佛的智慧是不造作（與遍布）的：諸佛了知三時的每件事物，毋須作意。四、佛的心總是住於禪修的定境（譯注：無不定心），聲聞與緣覺在禪修時無法有所行動，相對地，佛能夠傳法或化緣，卻無擾於其禪修。五、諸佛在想中不起分別（譯注：無異想）。聲聞會分別事物，認為某些是好的、某些是壞的。舉例來說，聲聞認為涅槃是寂靜的，且他們對輪迴感到厭離。諸佛不會以二分法來分別輪迴與涅槃；這一切的現象對諸佛來說，都止息在不二界中。六、諸佛的平等捨涵攝了完全的分別抉擇（譯注：無不知已捨），諸佛知道以何種方法且在何時可以讓每位眾生受教，諸佛也會在適當的時機做出相應的行為。聲聞和緣覺即使對他們自己的弟子，也無法有這樣的分別抉擇，因此可能出現的情況，就是在不恰當的時機行動，或是不知採用適當的法門，因此不能有效地利益其弟子。

接著是關於佛之證悟的六種不共法：七、諸佛具有持續、喜悅的熱忱，為了利益眾生而行（譯注：欲無減）；八、諸佛具有為了他人福祉從不退失的正念（譯注：念無減）；九、諸佛孜孜不倦（譯注：精進無減），為了某一個眾生，諸佛能不休息或沒有受供養，教導這個眾生長達數百劫之久；十、諸佛對一切現象具有殊勝的智慧（譯注：慧無減）；十一、專一禪定（譯注：解脫無減）；十二、完全免除二障與習氣，並具有遍知智的證悟（譯注：解脫知見無減）。

然後，有三種法，包含了本初智的三個不共面向，使諸佛於十三、過去（譯注：智慧知過去世無礙）；十四、現在（譯注：智慧知現在世無礙）；十五、未來（譯注：智慧知未來世無礙），皆擁有一切所知智——無礙（由於去除所知障之故）且無貪（因為煩惱障也一併斷除）。阿羅漢擁有類似的智慧，但僅限於「有貪且無礙」的部份。

有三不共法是諸佛的事業，包括十六、身（譯注：一切身業隨智慧行）；十七、語（譯注：一切語業隨智慧行）；十八、意（譯注：一切意業隨智慧行）出自智慧且隨智慧而行，這表示智慧是諸佛事業全面的動力。另一方面，聲聞與阿羅漢的覺知有所缺損，如上述「佛之行為」的段落所言。把這十八項合起來，就是佛的十八不共法，是聲聞、緣覺，和阿羅漢所不能共有的。

（摘錄自雍滇・嘉措的釋論《功德海》卷一，四九二─四九八頁）

附錄六：五道與三十七菩提分法

依照三乘*其中之一而步上解脫道的人，從三十七菩提分法漸次通往證悟的角度來說，會現起三學的功德。

在資糧道上，修行者主要是領受、修學法教，並累積福德。在資糧道的初階，強調「四念住」（dran pa nyer bzhag bzhi）的修行（譯注：身念住、受念住、心念住、法念住），這代表身**、受、心識、法處的正念。如果吾人依照小乘來修行，會禪修身的不淨、苦的感受、心識的無常、和法處「無我」的事實（沒有一個法處可歸屬的自我）。如果吾人依照大乘來修行，在座上時，會禪修同樣的內容如虛空般，超越了一切概念的造作。在座下時，吾人則視這一切如夢、如幻。有關小乘和大乘的這個禪修方法，吾人會觀察三種差異：在小乘中，重點是我們自己的身體、感受等等；而在大乘中，重點則是別人的身體、感受等等。第二點，在小乘中，重點是不淨相等等；而在大乘中，禪修者則專注在空性上。最後，關於四念住禪修的目的，在小乘中做這個修行，是帶著一種要解脫不淨之身等的見，而在大乘中做這個禪修，則是為了要證得無餘涅槃。這個禪修之所以被稱為「念住」，是因為修行者要以不間斷

* 亦即聲聞乘、緣覺乘，和菩薩乘。

** 有三種「身」：第一種指的是外在的世界、第二種是自己的身體、第三種指的是其他眾生的身體。

的注意力，來抉擇共與不共的身體特性等等。

在資糧道的中階，證法是有關「四正斷」（yang dag par spong ba bzhi）的修行。四正斷的第一項是未生惡法令不生；第二是已生惡法令遮止；第三是未生善法令生起；第四是已生善法令增長。

在資糧道的高階，證法指的是「四神變之基」（有時依字義譯作「四神足」，rdzu ’phrul gyi rkang pa bzhi）的修行。這些就像後來神變成就——譬如五神通——的根本或基礎。第一種是以欲或念力（’dun pa）為基礎的定（譯注：欲神足）；第二種是以勤（brtson ’grus）為基礎的定（譯注：勤神足）；第三種是以專一正念（sems）為基礎的定（譯注：心神足）；第四種是以分析（dbyod pa）為基礎的定（譯注：觀神足）。

在世俗層面的禪修結果，會逐漸增長無念的智慧之力，這會讓修行者「加入」見道，因此這個階段就叫做加行道，由四個階段所組成。根據大乘的說法，加行道的第一個階段，是了知現象僅是心念的顯發（yid kyi snang pa），以此做為攀緣的對治，稱為煖。當慧想*漸增，修行者就到達所謂頂的階段。在這兩個階段中，開展出以四聖諦為焦點的五根，分別

* 亦即看透現象本質的想。

是：用以奉行四聖諦的信根、以熱忱如此去做的精進根、用以不忘失關注對境與相關形式或禪修心態的正念根、用以專一奉行四聖諦的定根、以及最後用以圓滿抉擇的慧根。之所以稱為根（dbang po），是因為這五根決定了證悟功德的開展。當斷除了對現象的攀緣時，且禪修者獲得了悟現象唯心的智慧時，就到達了忍的階段。在此，證得了部份的究竟實相。隨著禪修者的進步，思惟到既然沒有想的客體，也就沒有主體，只有不二的覺性，因此克服了對一切現象的攀緣，禪修者加入了見道，刻不容緩。這個階段被稱為世第一，表示禪定的狀態直接進入了見道。在後面的這兩個階段，必然的五力（stobs）開始展現，事實上這五力和先前的五根相同，但之所以如此稱呼，是因為這五力強而有力，能夠抵抗任何對立的心所。

當修行者了知這個不二覺性僅是依他起，就證得了究竟實相，超越了一切概念的造作，這就稱為見道。在見道上，有通往證悟的七覺支。這七覺支具有相同的觀想（dmigs pa）對境，即四聖諦，但根據其形式或行相（rnam pa）有別，分別是：七覺支的第一是念（dran pa）覺支，藉以持守四聖諦而不忘失；第二是擇法（chos rab rnam 'byed）覺支，這是對四聖諦與其本質的決定性評估；第三是精進（brtson 'grus）覺支，藉此禪修者能以熱忱來奉行四聖諦；第四是喜（dga' ba）覺支，是見到了四聖諦本質的一種喜悅；第五是輕安（shin tu sbyangs）覺支，藉此身、心有了一種追求良善的柔軟與行持；第六是定（ting nge 'dzin）覺支，藉以避開一切的散亂；第七是捨（btang snyoms）覺支，這使心能夠安住在離於昏沈、掉舉的本然狀態中。「七覺支」的說法可以重述如下：「覺」指的是擇法覺支——換言之，是了悟四聖諦的無念智慧——而其他六覺支則是這個抉擇的方法。

透過對親見究竟實相之智慧的穩定熟悉，想慧會逐漸增強，這個階段就叫做修道。在此，禪修者的修行是所謂的八正道。八正道專注的對境，仍是和見道相同的四聖諦。透過正見，先前在見道所了悟的四聖諦本質，得以清楚地確立。透過正思惟，經由事證與推論明白這個了悟，修行者得以幫助他人建立或培養這個了知。透過正語，對究竟實相的了悟，能夠在世俗諦的層面上以文字來表達，並能以講解、辯論、著述等方式來教導他人，讓人們能夠被啟發而生起對正見的信心。透過正業，一切惡業都被清淨，所有行為都如法，因此能啟發他人產生對清淨戒律的信心。正命能讓禪修者不會被不當或錯誤的營生方式染污，且能鼓勵他人採取清淨的生活模式。透過正精進，修行者毫不厭倦地禪修已然覺察的究竟實相，因此正精進是修道所要斷除各種障的對治。透過正念，在止觀禪修中專注的對境永遠不會逸失，這也是失念的對治，失念是二十隨煩惱之一。藉由正定，成就了無誤的入定，遠離昏沈與掉舉，並開展出每一項功德，因此正定是一切逆緣的對治。「八正道」的名相，可以總說為：正道是對究竟實相的了悟，而八僅是對此了悟各面向的計數而已。

當智慧的了悟離於一切的遮障時，證悟的所有功德都會圓滿成就，當這種情況出現時，就達到了無學道。

那麼，這就是每個人透過三十七菩提分法通往證悟的進展情形，整個的開展也是經過了五道。

為了方便之故，在此將三十七菩提分列出如下：

資糧道：

1. 四念住
2. 四正斷
3. 四神足

加行道：

4. 五根
5. 五力

見道：

6. 七覺支

修道：

7. 八正道

（摘錄自雍滇．嘉措的釋論《功德海》卷一，五〇八—五一五頁）

附錄七：法身智的二十一種功德

在《現觀莊嚴論》（*Abhisamayalankara*）中提到：

「菩提分法，四無量心，
八解脫，及九次第定，
接著是十遍處，
八勝處，離諸煩惱與知願處智，
神通與四無礙智，
四一切相清淨，
十自在與十力，
四無畏，與三不護，（譯注：指佛的身、語、意三業清淨，毋須防護）
三念住與念無失，

永斷習氣，與對一切生命示現大悲，

佛之十八不共法，

最後，遍知、一切種智：

這一切即謂法身[122]。」

（譯注：出自《現觀莊嚴論》第八品〈法身品〉，原頌為：

「順菩提分法，無量及解脱，九次第等至，十遍處自體，

最爲殊勝處，差別有八種，無諍與願智，神通無礙解，

四一切清淨，十自在十力，四種無所畏，及三種不護，

並三種念住，無忘失法性，永害諸隨眠，大悲諸眾生，

唯佛不共法，說有十八種，及一切相智，說名爲法身。」）

1.三十七菩提分（byang chub yan lag so bdun）：參見附錄六。

2.四無量心（tshad med bzhi），參見（經部下冊）第七章。

3.八解脫（rnam thar brgyad）[123]：其中有三項，是關於神通示現與轉化的能力；有四項指的是無色界，還有一項是滅。

一、諸佛覺察自身有色相，因此能轉變物質的色相，並使色相顯現，這就是「色觀色」的解脫（譯注：內有色想觀外色解脫）。二、諸佛覺察自身無色相，因此能轉化物質的色相，並使色相顯現，這就是「非色觀色」的解脫（譯注：內無色想觀外色解脫）。三、現在，如果和這樣的神通示現能力有關，就會出現想要產生愉悅事物而非相反的推力，使這種神通力受到限制與不圓滿。但諸佛見一切色相，無分美醜，是平等的，且是彼此相關的緣起現象，僅是概念的假立而非實存。這就叫做「觀淨」的解脫。（譯注：淨解脫身作證具足住）

四種與無色界相關的解脫，涉及了空無邊處、識無邊處、無所有處、非想非非想處的四種極微細想（譯注：空無邊處解脫、識無邊處解脫、無所有處解脫、非想非非想處解脫）。

第八種解脫是滅解脫（譯注：滅受想定身作證具足住），是證得色界四禪與四無色定的聖者可能經歷的一種覺受，這些聖者已經止息了七識和一切的心所。對這樣的人來說，只剩下阿賴耶的顯現而已。這些聖者可安住在無想且無受的定中，因此能住於滅盡定……。

4.九次第定或「九住心」（mthar gyis gnas pa'i snyoms 'jug dgu）：這是四禪、四無色定與滅盡定。九次第定與前述八解脫的差別，在於強調的點不同。當我們說「解脫」時，是從解脫某一證悟層級相關諸障的立場來說，而說「入定」或「住心」時，是從色身五大平靜，以及心與心所平靜的觀點來談。定被稱為「次第」，是因為這些定是依次出現，在禪修的過程中陸續成就。較高的定出現在較低的定之前，這是不可能的。

5.十遍處（zad par gyi skye mched bcu）：這由四大遍處（譯注：地、水、火、風四大）、四顯色遍處（譯注：青、黃、赤、白四顯色）、空遍處、以及識遍處所組成。這表示透過對四大之一的專一禪定，此大種的不共特質便能移轉至其他現象（舉例來說，這樣水大或風大就能具有地大的堅固，於是可以行走在其上）聖者只能透過修學來獲得這種能力，而這是諸佛本俱的能力，諸佛只需心想即可獲得。

6.八勝處（zil gyis gnon pa'i skye mched brgyad）：其中有四勝處的得名，是因為能控制與主宰「形狀」：一、覺察自身有色相，諸佛能掌控一切巨大的色相。諸佛知道、也能見到這些色相（譯注：內有色想、外觀多色）。二、覺察自身有身相，諸佛能掌控細小的色相，諸佛知道、也能見到這些色相（譯注：內有色想、外觀少色）。三、覺察自身無色相，諸佛能掌控巨大的色相（譯注：內無色想、外觀多色）。四、覺察自身本無色相，諸佛能掌控細小的色相（譯注：內無色想、外觀少色）。

同樣地，也有四勝處是對顏色的控制。覺察自身有色相，諸佛能掌控外在現象的四種顏色，知道也能見到這些顏色。這四勝處與五、青，六、黃，七、白，以及八、紅的（基本）顏色相關。這些勝處有何意義？透過覺察自身無色相或自身為不壞色相，諸佛能覺察（對我們而言）顯現為美醜、有益或無益的事物，但不會對現實加諸這類性質的差異。因此諸佛能把大的變成小的等等，示現出轉化與生成的神通。藉由止，諸佛能控制與知道；藉由觀，諸佛能控制與看見。

當說到諸佛覺察自身有色相或無色相時，這指的是諸佛在示現上述的神通時，能否被他人看見或看不見。

7.離諸煩惱（nyon mongs med）：當聲聞在前往村子化緣的路上，他們會先用神通觀察自己的出現，對於村子裡的人是否產生瞋或貪的情況。如果有的話，他們就不會前往。相對地，圓滿的佛是刻意前往這樣的地方，藉由傳法與示現神通來利益人們，運用各種善巧方便來避免人們心中現起煩惱，在當時與之後皆然。

8.知願處智（smon gnas mkhyen pa）：當聲聞想要知道某件事情，他們會將心專注在這件事情上，並進入第四禪（譯注：根本定），隨後就能了解。佛的智慧不一樣，具有五種不共的特質：首先，諸佛自動知道且毋須費力；第二、諸佛離於煩惱障，因此能無貪知道；第三、諸佛離於所知障，因此能無礙知道；第四、諸佛不間斷且恆時知道一切事物；第五、諸佛能夠同時回答三界每一眾生的所有問題，即使眾生在同一時刻用不同的語言發問。

9.六神通（mngon shes lnga）：參見附錄五。

10.四無礙智（so so yang dag par rig pa bzhi）：參見附錄五。

11.四一切相清淨（rnam pa thams cad dag pa bzhi）：諸佛具有「身清淨」（譯注：亦稱所依清淨），也就是說，諸佛能圓滿掌控身體的三個階段：受身、住身、與捨身。諸佛具有「所緣清淨」（譯注：亦稱境界清淨），換言之，諸佛精通五境，即色、聲等的轉變與顯現。諸佛具有「心清淨與智清淨」，「心清淨」表示諸佛能掌控禪定，而「智清淨」則表示諸佛精通空性的殊勝智。

12.十自在（dbang bcu）：參見附錄五。

13.十力（stobs bcu）：參見附錄五。

14.四無畏（mi ’jigs pa bzhi）：參見附錄五。

15.三不護（bsrung ba med pa rnam pa gsum）：佛的每個念頭、字句、和行為都是自然為善。因此諸佛不需防護其行為，或害怕他人知道這些。諸佛毋須隱藏任何事情。（譯注：即身不護、語不護、意不護）

16.三念住（dran pa nyer bzhag rnam gsum）：一、當人們以敬意、尊崇與不散亂來聞法時，諸佛不會志得意滿；二、當情況相反時，諸佛也不會焦躁；三、當這兩種情況同時發生時，諸佛完全不會受這些情緒干擾。

17.念無失（bsnyel ba mi mnga’ ba）：諸佛從不忘記任何事情，即使是發生在過去無數劫之前的事情，諸佛能憶起任何事情，彷彿這件事才剛發生。

18.永斷習氣（bag chags yang dag par bcom pa）：雖然聲聞與阿羅漢已經斷除了一切煩惱，但他們仍然受制於習氣的力量，結果依然稍微受制於迷妄之力。相對地，諸佛已經窮盡了一切習氣，因此諸佛的行為沒有絲毫的過失。

19. 對一切生命示現大悲（skye la thugs rje chen po）：諸佛以無量悲心，垂顧一切眾生，恆時且遍一切處。諸佛知道誰正在道上前進、誰正在退墮、誰正從下三道的悲痛中被引領出來並踏上解脫的樂道與上三道。諸佛知道那些能遠離煩惱桎梏的人。

20. 十八不共法（ma ’dres pa’i chos bco brgyad）：參見附錄五。

21. 一切種智（rnam pa thams cad mkhyen nyid）：諸佛的遍知有三種：第一、諸佛具有了知每一現象清楚與個別差異的智慧（這是唯佛所有，譯注：一切種智）；第二、雖然聲聞、緣覺、和菩薩的三道在究竟上並無起源，但諸佛知道在世俗諦上這三道的因、本性、和果（這種智慧是與菩薩共有，譯注：道種智）；第三、諸佛知道某個現象的基（五蘊、十八界、與十二處，譯注：十二處是六根和六塵，加上六識為十八界）是無人我的（這個智慧聲聞亦共有，譯注：一切智）。

在這二十一種的法身智之中，十力、四無畏、十八不共法、三念住、三不護、永斷習氣、與大悲是諸佛獨有的功德，而十自在、四無礙智則是菩薩也共有的功德，其他的項目則是諸佛、菩薩、聲聞皆共有的功德。

（摘錄自雍滇·嘉措的釋論《功德海》卷二，五七八—五八八頁）

註釋

108 無色界有四層天，由最底層往上，依序是：一、空無邊處（nam mkha' mtha' yas）；二、識無邊處（rnam shes mtha' yas）；三、無所有處（ci yang med pa）；四、非想非非想處（yod min med min），也稱做三有之頂（srid pa'i rtse mo）。

109 這表示他們逐漸往下分布，從無色界的最底層，經過色界的諸天，到欲界的最上層天。

110 欲界的六天依序而上，分別是：一、四天王天（rgyal chen rigs bzhi）；二、三十三天（又稱忉利天，sum bcu rtsa gsum）；三、夜摩天（'thab bral）；四、兜率天（dga' ldan）；五、化樂天（'phrul dga'）；六、他化自在天（gzhan 'phrul dhang byed）。

111 通常指稱四個時期：一、圓滿時（rdzogs ldan），此時眾生具有四種特徵：無盡的壽命、光身、神通、與飲甘露為生；二、三分時（gsum ldan），此時眾生只擁有這些特徵的三種；三、二分時（gnyis ldan），此時眾生只擁有兩項特徵；四、鬥諍時（rtsod ldan），此時所有的四種功德都衰損了，且眾生處在衝突的狀態中。

112 四種姓（rigs bzhi），依照眾生開始生活在有組織的社會之中、並以工作維生時，最初發展出的四種心理模式所劃分的四種社會階層或種姓。正如種姓存在於印度社會的脈絡下，佛教也承認種姓制度的存在。但有別於立基在吠陀經典的印度教，指派各種姓僵化的儀式性功能，佛教提倡社會的所有成員都能無別地從事精神修持。四種姓是婆羅門、剎帝力、吠舍、和首陀羅。

113 根據阿毗達磨的說法，真正的六根是微細的身體物質，各自形成、並確定其在身體上的作用。因此，眼根位於眼睛內，形狀像朵藍花；耳根在耳朵裡，形狀像是樺樹的樹幹，諸如此類。

114 不確定這兩個狀態——顯（snang ba）止息了三十三種由瞋所生的念頭，或增（mched pa）止息了四十種貪所生的念頭——在死亡時哪一種先出現。在此書中，先提及紅明點的收攝，但通常是白明點先收攝。

115 娑婆世界，藏文的mi mjed' jig rten，我們的世界之所以叫做娑婆（堪忍之意），是因為其居民忍受著大量的煩惱和痛苦，而菩薩則忍受艱辛並以勇氣來修行。mi mjed一詞也可翻譯做「無懼」，這麼說也適用於我們的世界，因為眾生無所畏懼地沉溺在染污之中。但另一派將mi mjed譯為「無分」，因為在我們的世界中，心無法跟染污分離。

116 做七，藏文的bdun tshigs，在中陰的四十九天過程中，每一週，在亡者死去的那個星期日期，意識會「重新經歷」死亡時的那個痛苦經驗，為亡者做七，具有減緩這種痛苦的作用。

117 在此菩提心的日、月，指的是父精母血。

118 在《阿毗達磨俱舍論》（*Abhidharmakosha*）中，世親根據一種不正確的學派觀點，來解釋四聖諦十六行相的每一項，認為每一項皆有對治。參見羅傑•傑克森（Roger Jackson）所著，《證悟可能嗎？》（*Is Enlightenment Possible?*）一書中的第五十頁、第三四四頁。

119 最後這兩行相可從個人的五蘊來理解。第三種行相，即無「自我擁有苦諦」，也可理解為對宇宙造物主之存在的否認。

120 「是否一切現象都在四聖諦之中？不是的，因為某些事情並不包括在四聖諦裡，例如虛空、非分析的滅。那麼現象是如何來分類的？現象可依色蘊、心處（六種識）、和法處（受、想、行、無表色，和無為法）來說明。（根據《阿毗達磨俱舍論》的說法，有三種無為法：虛空、分析的滅、和非分析的滅）是否一切對聖道的了悟都包含在四聖諦之中？是的，必然如此。當以四聖諦的脈絡來說滅時，要瞭解到這指的只有分析的滅。非分析的滅、滅盡定都不包括在內。……。」（《功德海》卷一，三六一頁）有關滅盡定，請參見註十四。

121 根據阿毗達磨的說法（參見米滂仁波切的《智者入門》），想被定義為「抓住或界定特性者」（藏文的mtshan par 'dzin pa）。想也與六根有關：五種身根是無念的（譯注：眼、耳、鼻、舌、身），而意或「意根」，是藉由念來運作。這兩種有念想與無念想的分法，又可依其活動過程中是否順利完成有關對境特性的抉擇，分成兩種。如果成功抉擇的話，就是有相（mtshan bcas）；如果不是的話，就被稱為無相（mtshan med）。五種（無念的）根想，當正常運作且能感知其正確的對境：即色、聲、香等，就被認為是有相的。意想（如同前述，是藉由念來運作的）在分辨身份或名相時，被認為是有相的。這出現在兩種情況下：一、當心認出某一對境，並連結到其名相；二、當心知道某一名相所指為何。

無相想是當某一根的尋伺完全運作但卻沒有對境。這出現在甚深的入定狀態中，無論是聖者或處在所謂三有之頂狀態中的眾生所具有的。無相想也會出現在當心無法指認與稱呼對境時，就像遇到某個東西但沒辦法認出它，因為心沒有這個東西的先驗知識。這是小孩的常見經驗，小孩是慢慢建構起對其環境的知識的。相對地，意想也是無相的，當（同樣地，由於缺乏經驗）不知道名相所指為何，舉例來說，當聽到某種不懂的語言時（應注意的是，無相想並非指純粹感官刺激的欠缺，舉例來說，當某人處在黑暗的地方張開眼睛，或是待在隔音室裡，在這些情況下，感官事實上仍有其對境：分別是黑暗與無聲）。（參見《智者入門》，第九—十頁）

122 其中的部份功德，也是有學道上菩薩所修持的功德，但只有在佛果的狀態，這些功德才得以圓滿。

123 在此，解脫應理解為一種對阻礙其後各種證悟遮障徹底銷落的心境。

《功德藏釋：三道甘露精華》經部上冊

作　　者：吉美．林巴（Jigme Lingpa）
釋　　論：甘珠爾仁波切隆欽．耶謝．多傑
（Longchen Yeshe Dorje, Kangyur Rinpoche）
英　　譯：蓮師翻譯小組
中　　譯：劉婉俐
總 策 劃：釋了意
主　　編：洪淑妍
責　　編：汪姿郡
美　　編：黃偉哲
發 行 人：周美琴
出版發行：財團法人靈鷲山般若文教基金會附設出版社
地　　址：23444新北市永和區保生路2號21樓
電　　話：(02)2232-1008
傳　　真：(02)2232-1010
網　　址：www.093books.com.tw
讀者信箱：books@ljm.org.tw
總 經 銷：聯合發行股份有限公司
法律顧問：永然聯合法律事務所
印　　刷：國宣印刷企業股份有限公司
劃撥帳戶：財團法人靈鷲山般若文教基金會附設出版社
劃撥帳號：18887793
初版三刷：二〇二四年五月
定　　價：新台幣420元
I S B N：978-986-6324-82-6

國家圖書館出版品預行編目(CIP)資料

功德藏釋：三道甘露精華(經部上冊)／甘珠爾仁波切(Kangyur Rinpoche)著；劉婉俐中譯.
-- 初版. -- 新北市：靈鷲山般若出版,
2014.12
面；　公分
譯自：Treasury of Precious Qualities : A Commentary on the Root Text of Jigme Lingpa
ISBN 978-986-6324-82-6（平裝）
1.藏傳佛教 2.注釋 3.佛教修持
226.962　　103026216

靈鷲山般若書坊